第四代地铁车辆基地
上盖一体化开发与创新设计

李翔宇　张继菁　马英◎著

清华大学出版社

北京

内 容 简 介

本书基于国家自然科学基金面上项目（51778008）《基于一体化开发的地铁车辆基地综合体协同设计策略与关键技术研究》的资助，研究视点聚焦于第四代地铁车辆基地上盖一体化开发与创新设计策略，通过大量实例总结归纳了地铁车辆基地上盖的段代历程与开发模式特征，针对现状开发痛点，从立体上盖、生态上盖、安全上盖、数字上盖四个维度提出第四代地铁车辆基地上盖一体化开发的创新设计策略。

我国大都市轨道交通发展迅猛，土地资源日益紧缺，地铁车辆基地上盖开发势如破竹、遍地开花。本书作为一部专门介绍该类型建筑的专业性书籍，主要针对地铁上盖开发、设计、研究的从业者、学者及科研工作者，为读者提供明晰的开发脉络、策略借鉴以及更为适用的设计方法探索，希望引起更多深入的研究与探讨，弥补国内车辆基地上盖综合体建筑研究的空白。

图书在版编目（CIP）数据

第四代地铁车辆基地上盖一体化开发与创新设计 / 李翔宇，张继菁，马英著 . — 北京：清华大学出版社，2021.12

    ISBN 978-7-302-59608-0

    Ⅰ . ①第…   Ⅱ . ①李… ②张… ③马…   Ⅲ . ①城市铁路—铁路枢纽—枢纽站—设计 Ⅳ . ① U291.7

    中国版本图书馆 CIP 数据核字（2021）第 239564 号

责任编辑：张占奎
封面设计：陈国熙
责任校对：赵丽敏
责任印制：丛怀宇

出版发行：清华大学出版社
        网   址：http://www.tup.com.cn, http://www.wqbook.com
        地   址：北京清华大学学研大厦A座   邮   编：100084
        社 总 机：010-62770175   邮   购：010-62786544
        投稿与读者服务：010-62776969, c-service@tup.tsinghua.edu.cn
        质量反馈：010-62772015, zhiliang@tup.tsinghua.edu.cn
印 装 者：北京博海升彩色印刷有限公司
经   销：全国新华书店
开   本：170mm×240mm   印   张：13   字   数：238千字
版   次：2021年12月第1版   印   次：2021年12月第1次印刷
定   价：98.00元

产品编号：090562-01

前　言
PREFACE

　　近年来，随着我国轨道交通产业的迅猛发展，以公共交通为导向的开发（transit-oriented development，TOD）一体化开发模式不断深化和创新，地产商纷纷抢占上盖开发的高地，将轨道交通站点及其沿线土地资源的利用推向了高峰。车辆基地一体化开发在提高土地利用率和空间活力方面具有十分显著的效果，2012 年，《国务院关于城市优先发展公共交通的指导意见》（国发〔2012〕64 号指导意见）明确提出要加强公共交通用地综合开发，更是吹响了以车辆基地厂房屋盖为平台，协同上盖物业综合体开发的号角。2020 年，我国城市轨道交通协会正式发布《中国城市轨道交通智慧城轨发展纲要》，将智慧城市与轨道交通相融合，提升 TOD 生活圈的幸福感和获得感。地铁车辆基地上盖开发响应智慧轨道号召，迎合数字化轨道交通运营趋势，将土地高效集约利用、环境生态绿色塑造、上盖数字化智能运营，作为第四代地铁车辆基地上盖一体化开发的新特征。本书研究视点聚焦于第四代上盖开发，将地铁车辆基地的上盖建筑与智慧城市理念相结合形成新的开发模式，解决车辆基地上盖现存的"城市割裂""信息孤岛""建管脱节"等问题，期望对相关行业从业者开辟新的设计思路有所引导。

　　本书首先通过对地铁车辆基地综合开发案例的梳理，总结了我国车辆基地上盖开发的段代历程与开发模式特征，针对当前一体化开发的症结，结合智慧城市、智慧轨道交通的发展理念提出第四代上盖开发设计原则；其次运用建筑设计理论、绿色技术及理念、结构安全与防灾、信息工程技术相结合的手段，创新设计策略，建立功能立体融合的、生态环境绿色低碳的、技术措施安全适配的、运维管控高效便捷的第四代地铁车辆基地上盖一体化开发的创新体系，并针对第四代上盖提出立体上盖、生态上盖、安全上盖、数字上盖四个方向的设计策略，结合国内大量实例，提出相关经济技术指标参考值。希望通过第四代上盖创新设计策略的提出，进一步提升社会经济效益反哺轨道交通建设成本，引导轨道交通沿线土地的进一步优化配置与高效利用。

李翔宇　张继菁　马英

2021 年 9 月于北京

目　录
CONTENTS

第1章

••• 导 论 •••

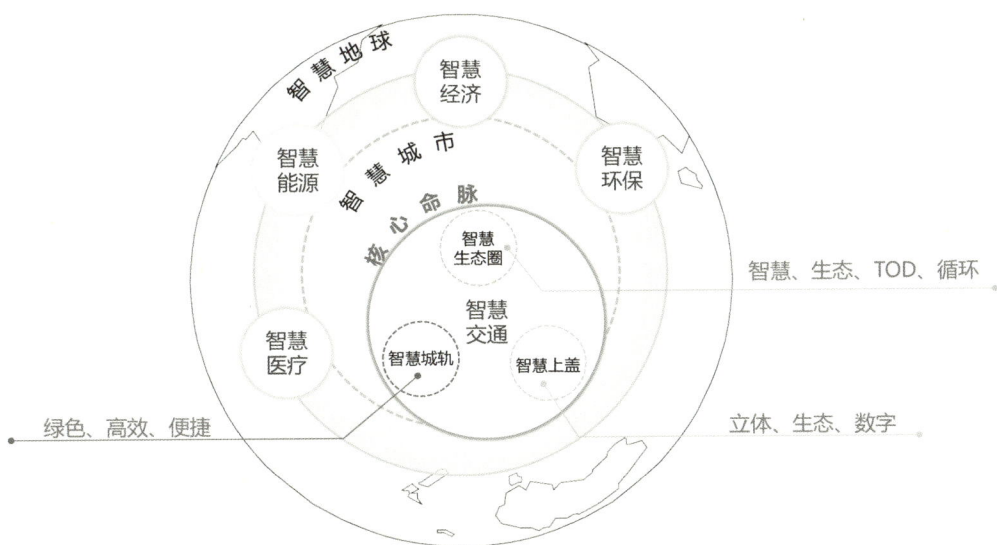

1.1 研究背景

1.1.1 我国轨道交通沿线综合开发快速发展

1. 轨道交通沿线土地开发政策梳理

我国自 1965 年首次开工修建城市轨道交通以来，截至 2012 年年底，国内已有 29 个城市轨道交通项目规划获得了批复，至 2015 年前后，全国规划建设的轨道交通线路有 96 条，建设线路总长超过 2500km。至 2019 年年底，全国已有 40 个城市开通城市轨道交通运营线路 208 条，运营线路总长度 6736.2km。其中地铁运营线路 5180.6km，占比 76.9%[1]（图 1-1）。轨道交通运营路线大力开发的同时，我国对轨道交通沿线土地资源的利用加强了相关政策的下达。2014 年，国务院办公厅国办发〔2014〕37 号印发《关于支持铁路建设实施土地综合开发的意见》，提出 5 条意见进行全面落实，实施铁路用地及站场毗邻区域土地综合开发利用政策，支持铁路建设[2]。2015 年，住房和城乡建设部发布《城市轨道沿线地区规划设计导则》，进一步加强和改进城市轨道沿线地区规划设计工作，推进轨道交通与沿线地区地上与地下整体发展，促进轨道交通建设与城市发展协调，提高轨道交通运营效益[3]。2018 年，国家和发展改革委员会同自然资源部、住房和城乡建设部、中国铁路总公司共同发布《关于推进高铁站周边区域合理开发建设的指导意见》，促进城市空间有效拓展和内部结构整合优化，调整完善产业布局，促进交通、产业、城镇融合发展[4]。2017 年 9 月中共中央国务院批复同意了《北京城市总体规划（2016 年—2035 年）》，其中明确要充分发挥轨道交通、交通枢纽的综合效益，加强轨道交通站点与周边用地一体化规划及场站用地综合利用，提高客运枢纽综合开发利用水平，引导交通设施与各项城市功能有机融合。在我国城镇化迅速发展及一系列政策的引导下，我国城市轨道交通的建设范围逐步从一线城市，向省会城市、经济发达二线城市进行转移（表 1-1）。

运营长度/km

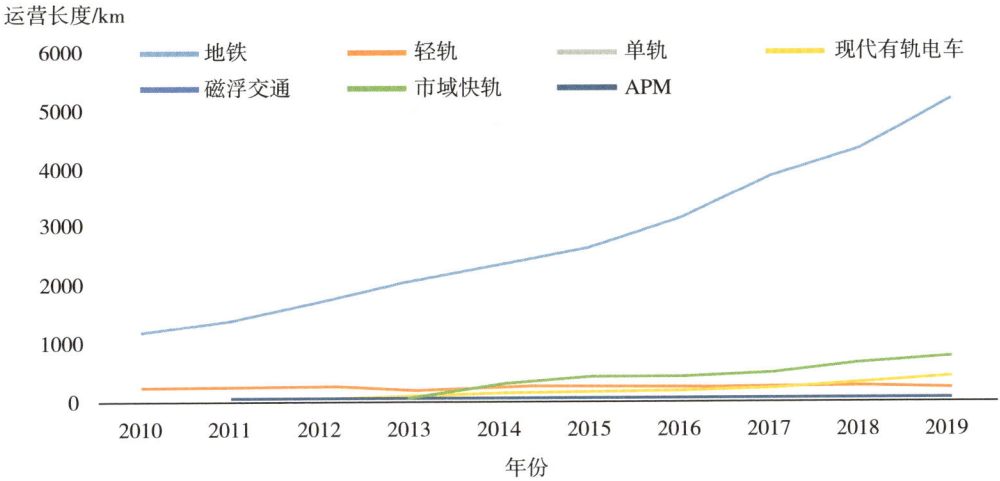

图 1-1　铁路运营长度

表 1–1　国内主要城市轨道交通运营线路长度统计表　　　　km

序号	城市	规划长度	2013 年运营长度	2015 年运营长度	2021 年运营长度
1	北京	1053.00	442.00	664.00	855.20
2	天津	470.00	138.00	226.00	272.59
3	上海	1051.00	468.00	615.00	936.03
4	广州	726.00	236.00	470.00	589.90
5	深圳	585.30	177.00	348.00	431.03
6	南京	655.00	110.00	280.00	443.34
7	武汉	540.00	57.00	149.00	479.89
8	重庆	513.00	132.00	275.00	384.90
9	长春	200.00	55.00	90.00	124.30
10	大连	262.90	136.00	258.00	225.20
11	成都	274.15	41.00	147.00	652.00
12	沈阳	400.00	50.00	77.80	216.73
13	苏州	380.00	26.00	65.74	254.20
14	太原	233.60	—	49.20	233.60
15	青岛	519.40		24.80	23.68
16	宁波	247.50	—	72.10	182.20
17	昆明	162.60	—	62.40	139.40
18	长沙	230.00		46.00	157.90

序号	城市	规划长度	2013 年运营长度	2015 年运营长度	2021 年运营长度
19	东莞	264.20	—	37.74	37.80
20	无锡	157.00	—	56.11	111.20
21	南昌	168.00	—	35.80	128.50
22	西安	251.80	—	94.60	252.70
23	杭州	285.00	—	177.10	334.81
24	郑州	300.80	—	45.39	248.85
25	福州	184.25	—	28.80	58.50
26	哈尔滨	143.00	—	14.33	77.68
27	合肥	322.50	—	55.00	153.87
28	南宁	173.50	—	47.50	128.20
29	佛山	317.90	—	53.00	70.00
30	乌鲁木齐	151.20	—	26.50	26.80
31	石家庄	59.60	—	40.00	74.32
32	贵阳	142.00	—	31.90	74.34
33	兰州	207.00	—	36.00	86.90
34	常州	129.00	—	53.88	53.99
35	厦门	246.00	—	75.30	97.80
36	徐州	59.20	—	31.90	64.13
37	马鞍山	75.90	—	—	75.90
38	芜湖	28.00	—	—	46.31
39	洛阳	100.00	—	—	43.10
总计		12269.50	2068.00	4860.89	8969.69

注：数据来源于中国城市轨道交通协会。

2019 年，国家发改委发布《国家发展改革委关于培育发展现代化都市圈的指导意见》中指出，加快培育发展现代化都市圈，实现城市群内部以超大特大城市或辐射带动功能强的大城市为中心、以 1 小时通勤圈为基本范围的城镇化空间形态，以支撑全国经济增长、促进区域协调发展、成为参与国际竞争合作的重要平台[5]。目前，全国共有 39 个城市轨道交通建设规划获批：包括北京、上海、天津和重庆 4 个直辖市；深圳、厦门、宁波、青岛、大连 5 个计划单列市；大部分的省会城市；苏州、东莞、无锡、常州等经济比较发达、人口规模较大的城市。可以说，这些城市囊括了我国最主要的一、二线城市，总规划里程超过 7300km，为我国轨道交通行业的长远发展奠定了基础，我国轨道交通进入快速发展期（图 1-2）。以北京为例，截至 2019 年年底，实现运营线路 28 条，总运营里程达 1000km，设置线路车辆基地 50 座，占用土地 45 处。45 处车辆基地总占地面积约 1002hm^2，平均每处车辆基地占地 22.3hm^2。

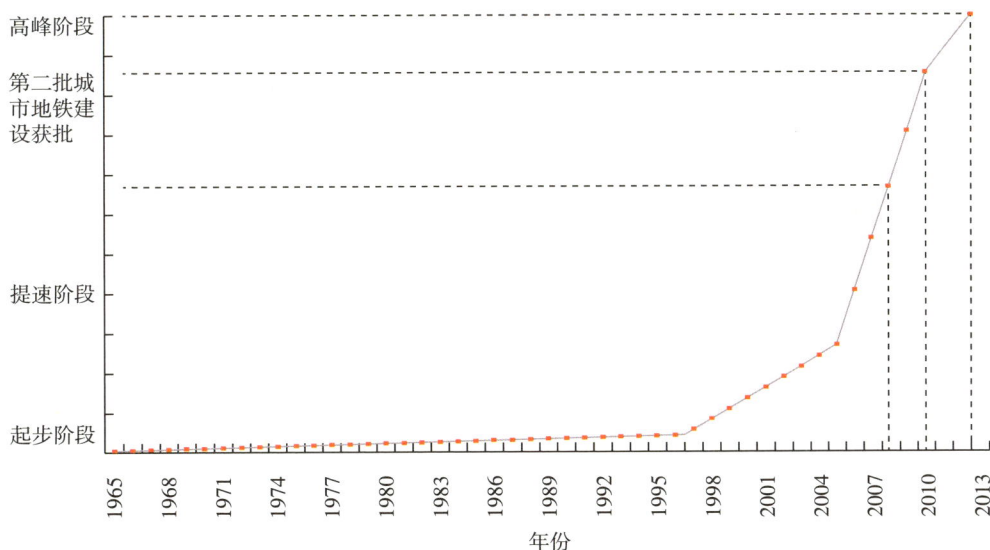

图 1-2　我国地铁发展趋势

2. 综合开发地铁车辆基地推动土地使用效率提升

随着我国城镇化水平的不断提高，城市人口规模不断上升，城市轨道交通成为发展城市公共交通、纾解城市内部大量人口的首选交通解决方案。我国作为世界上最大的新兴经济体，自 1998 年以来城市规模快速扩大，城镇化率每年都保持 1.0%~2.2% 的增长速度，2011 年我国城镇化率首次超过 50%，到 2014 年我国城镇化率达 54.77%，整体提高迅速（图 1-3）。从发达国家城镇化发展经验和普遍规律来看，我国的城镇化率仍然处于一个快速的发展提升阶段，还有较大的提升发展空间。《国家新型城镇化规划（2014—2020 年）》中提到我国城镇化率目标："至 2020 年，中国常住人口城镇化率要达到 60% 左右，户籍人口城镇化率要达到 45% 左右，城镇人口将增加 1 亿人，到 2020 年超过 100 万以上人口的城市将超过 200 个"[6]。2020 年在国家"十三五"期间，我国户籍制度改革进展顺利、成效显著。公安部数据显示，1 亿人落户任务提前完成，1 亿多农业转移人口自愿有序实现了市民化，户籍人口城镇化率由 2013 年的 35.93% 提高到 2019 年的 44.38%。

图 1-3　我国城镇人口增长趋势

当下我国已经进入了高速城市化发展阶段，《2014 年中国社会形势分析与预测》曾指出"2013 年年底我国城镇化水平将超过 54%，按目前的增长速度，估计到 2018 年将达到 60%"。城市的快速扩张带来经济极大发展的同时，也带来了很多问题：土地资源作为城市生产生活的载体越来越紧缺，且供需矛盾日益尖锐。2012 年，《国务院关于城市优先发展公共交通的指导意见》（国发〔2012〕64 号）明确提出要加强公共交通用地综合开发，意见中要求"对新建公共交通设施用地的地上、地下空间，按照市场化原则实施土地综合开发"。所以，建筑密度小、开发强度低的地铁车辆基地也就成为城市土地资源可集约开发利用的一块"净土"，能够实现土地资源的集约与可持续利用。以北京为例，目前已建成车辆基地 26 个，其中只有四惠、焦化厂、郭公庄、五路、平西府 5 座车辆综合基地实现上盖开发，总开发建设规模约 300hm^2，不足目前已建和在建车辆基地的 10%，若实现 50% 的车辆基地综合利用，可在城区新增 500hm^2 土地（图 1-4）。综合开发的车辆基地减少了土地资源的占用，

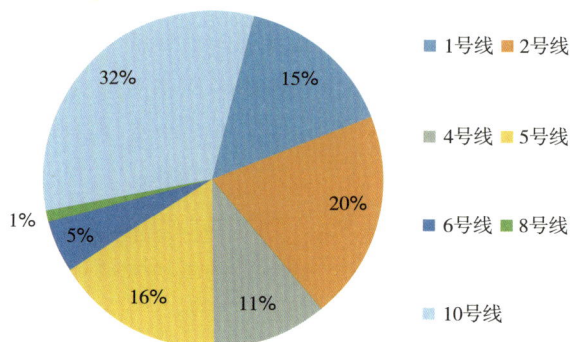

图 1-4　北京地铁沿线商业开发项目比例

6

实现了土地的多维开发，充分挖掘车辆基地土地开发潜力，形成新的空间增长极核，有效推动土地使用效率的提升。

3. 城市微中心理念引导轨道交通一体化开发设计

2019 年 2 月 21 日，国家发展改革委员会发布《关于培育发展现代化都市圈的指导意见》，在国家层面上明确都市圈概念[7]，意味着都市圈已经上升为国家发展战略。我国已经完成北京、上海、广州、郑州、南京、武汉、杭州等 15 个核心都市圈的布局。都市圈城镇体系尚需优化，微中心建设也迎来新的发展纪元。"微中心"是指与大都市中心城区保持适度的空间距离，通过承担某种特色城市功能，与中心城形成功能互补、有机联系，且自身具有一定的集聚能力，能够实现职住相对平衡的区域性小城市或者功能性板块[8]。以 TOD 导向为主的都市圈微中心建设将成为拉动我国内需和带动经济增长的重要力量。2018 年，北京市政府印发了《关于加强轨道交通场站与周边用地一体化规划建设的意见》，提出在轨道交通车站周边打造微中心。2020 年，北京市政府办公厅正式印发了《北京市轨道微中心名录（第一批）》的批复。城市微中心是与轨道交通站点充分融合、互动，可达性高，土地集约化利用程度高，具有多元城市功能，具备场所感和识别性的城市地域空间。因此上盖物业的开发要从国家层面的管控到微观层面功能的布置分别进行考虑（图 1-5）。

图 1-5　城市微中心解析

1.1.2 智慧城市催速轨道上的智慧生态圈建设

全球性金融危机爆发后，IBM 于 2008 年年底提出"智慧地球"的设想，2009 年又提出建设"智慧地球"首先需要建设"智慧城市"的口号 [9]。2010 年 IBM 正式提出智慧城市发展概念，以现代信息技术发展下的网络化和数字化为手段，将其上升到整合、集群、协同管理的高度，同时与绿色可持续发展相结合，达到构建宜居城市环境的目的。我国上海、南京等城市在 2011 年制定了相关智慧城市规划。2013 年，科技部、国家标准化管理委员会确定国家"智慧城市"技术和标准试点城市。2014 年 8 月 29 日，经国务院同意，国家发展和改革委员会、工信部、科学技术部等八部委印发《关于促进智慧城市健康发展的指导意见》，要求各地区、各有关部门落实本指导意见提出的各项任务，确保智慧城市建设健康有序推进。在智慧城市发展的背景下，擅长轨道交通车辆基地一体化开发的北京市基础设施投资有限公司于 2018 年将 TOD 模式在行业里推广开来，提出打造 TOD 智慧生态圈的理念，潜心进行了"四个体系、一个理念"的研究，力图寻求技术层面的可标准化（图 1-6）。由此可知，2018 年北京市基础设施投资有限公司着力构建智慧生态圈理念：从建立轨道交通车辆基地的评价体系、构建轨道交通车辆基地结构转换研究体系、研发轨道交通车辆基地的绿色车辆段的理念、深化轨道交通车辆基地减振降噪的系统化研究，到完善轨道交通车辆基地的客户研究体系，成功诞生了智慧生态圈理念，推进了地铁车辆基地智慧上盖理念的提出和未来发展的趋势。北京的地铁车辆基地上盖开发项目则是由北京市基础设施投资有限公司开发、建设、运营。1999 年，四惠地铁车辆地基是我国最早的综合开发项目，打开了我国轨道交通发展的新模式；2013 年建成的西华府（9 号线郭公庄车辆基地），率先引进 TOD 模式，自主研发减震降噪的技

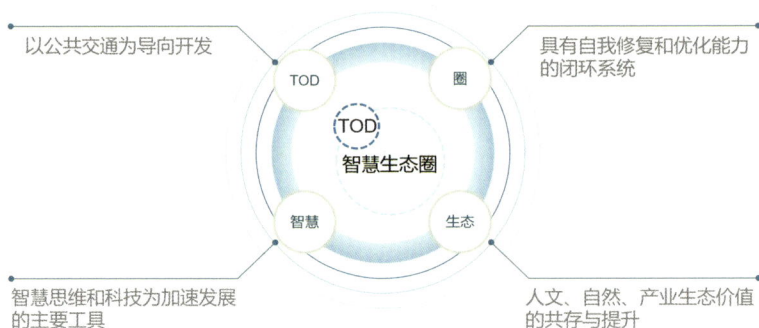

图 1-6 智慧生态圈结构

术专利，获得了市场的认可。此后又开发了被称为"北京第一个上盖园林"的公园悦府（位于地铁 8 号线平西府车辆段），总建筑面积 60hm²，建有 5hm² 的上盖园林；以及位于地铁 10 号线五路停车场的琨御府相对其他上盖住宅具有地理位置优越、户型产品多样、上盖环境品质高等优势，是当时北京"最贵的地铁上盖的住宅项目"，同时证明了地铁车辆段上盖高端住宅项目实现的可能性。

1.1.3　地铁车辆基地一体化开发步入智慧上盖新纪元

智慧城市发展带动智慧生态圈的建设，智慧城轨的发展验证了我国智慧理念发展的必然性。智慧城市应用体系不断拓展，已涵盖智慧经济、智慧交通、智慧环保、智慧能源、智慧医疗等城市规划、建设、管理、运维等领域[10]。构建智慧交通，是构建智慧城市的核心命脉。在智慧交通的涵盖范围下，智慧城轨成为连接各个城市及城市内部最为绿色、高效、便捷的轨道发展方式（图 1-7）。2020 年 3 月 12 日，《中国城市轨道交通智慧城轨发展纲要》以下简称《纲要》由中国城市轨道交通协会正式发布[11]。《纲要》的提出对行业发展有着积极的促进作用和引领作用，城轨的发展也将引领车辆段上盖的建设和发展，智慧上盖协同智慧城轨共同发展，使城轨的发展更加全面化、智能化、人性化。深圳地铁 6 号线的建设成为国内绿色地铁、智慧地铁的"示范线"，坚持绿色发展、低碳发展、循环发展的目标导向，着力构建高科技、高舒适、低消耗、低污染的绿色产业结构，奋力提升产业综合实力和国际竞

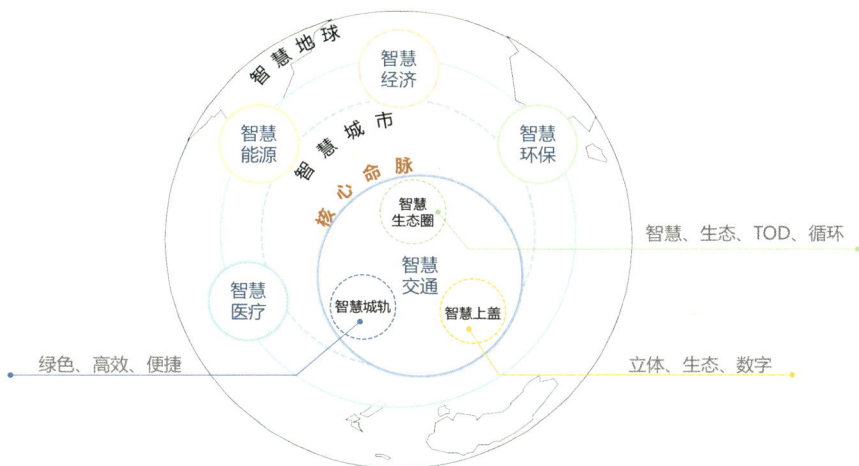

图 1-7　智慧理念构成

争力[12]。南京地铁也将实现移动 5G 网络全覆盖，总长 378km，成为 5G 全覆盖地铁历程最长的城市[13]。北京市地铁运营有限公司于 2020 年 11 月发布《首都智慧地铁发展白皮书（2020 版）》，提出到 2025 年将实现首都地铁重点功能场景的智慧化，基本形成乘客智能化自助出行服务体系和智慧安检新模式[14]。随着智慧城轨的不断推进，地铁车辆基地上盖开发建设走向智能化将成为必然趋势，智慧上盖的设计理念建设，为地铁车辆段上盖开发走向智慧化、生态化、人性化提供更好的理论基础。智慧上盖的提出不仅响应智慧城轨的发展策略，同时也为上盖物业的开发新形式、新技术、新理念做出应对策略，积极发展城市空间建设，提升居民生活品质成为未来上盖发展的新趋势。

1.2 研究目的与意义

1.2.1 研究目的

通过对我国车辆基地上盖开发历程的梳理和对国内外地铁车辆基地上盖开发案例的分析研究，总结该类型建筑从开发到运营的痛点，反映到设计模式和策略上，并提出第四代地铁车辆基地上盖开发模式新理念。从整体开发设计的角度出发，将第四代地铁车辆基地上盖发展体系进行完整的阐述；从创新策略的立体体系、绿色体系、安全体系、数字体系四个层面，运用多学科交叉的方法系统地提出第四代地铁车辆基地上盖的创新设计模式。

希望通过本研究，可以为地铁车辆基地上盖开发研究开辟一个新的设计研究视角，填补第四代地铁车辆基地上盖理论研究的空白，本书提出较为完整的第四代地铁车辆基地上盖设计体系，为进行地铁车辆基地上盖开发设计的行业从业者提供新的开发策略和设计思路参考，以第四代地铁车辆基地上盖为理论支撑，立体上盖、生态上盖、数字上盖为分支的设计策略和相关指导阈值框架，希望学者们能引起更深的研究与多学科的交叉探讨。

1.2.2 研究意义

1. 理论意义

在智慧城市发展理念下，重新审视当前我国地铁车辆基地上盖开发的模式和使用现状，通过对地铁车辆基地上盖开发在国内外的发展历程和现状的对比，从功能、生态、防灾、运营四个角度分析总结出第四代地铁车辆基地上盖这一复杂综合体建筑类型的设计理论体系，通过项目案例的分析证明了其在我国的必要性和适用性，同时填补车辆基地智慧上盖开发与设计理论研究上的空白，为其在国内的开发实践提供新视角。

目前业界学者还没有人将智慧城市和地铁车辆基地上盖开发综合考虑，形成新的开发和设计模式，第四代地铁车辆基地上盖的提出将为地铁车辆基地的开发形成更多的可能性。本书在功能结构、绿色环保、安全防灾、信息融合等多方面进行系统的阐述第四代地铁车辆基地上盖的开发模式和设计策略，归纳总结出一套具有创新和实用意义的设计方法体系，对地铁车辆基地上盖开发的理论研究具有积极的指导意义。

2. 现实意义

地铁车辆基地上盖开发是对土地的二次利用，使土地利用率提高，拓展了土地开发的新模式，同时回补了城市基础设施投资。城镇化发展促使一二线城市人口数量激增，上盖开发不仅能够在一定程度上缓解城市人口住房的需求，而且上盖功能业态配置的多样性增加了区域活力，带动区域产业发展。将智慧城市理念与地铁车辆基地上盖开发相结合，打造智慧上盖，在提升土地效率的基础上，合理的整合城市空间架构，优化上盖自身的运营效率，将地铁人流、社会人流高效转换，更能够提升上盖物业的品质，提升区域活力，提高经济发展和城市魅力。

自 1999 年我国开始进行地铁车辆基地上盖开发和 2011 年我国部分城市开始制定智慧城市相关计划来看，我国对于地铁车辆基地上盖开发和智慧城市建设都具有一定的实践基础，本书收集上盖物业开发的使用回馈，从众多案例中总结出目前地铁车辆基地上盖开发所存在的问题和矛盾。以结合智慧城市的发展理念和解决现状问题为主，提出第四代地铁车辆基地上盖开发理念，阐述其从立体、生态、安全、数字四个不同层面出发的设计策略，构建完整的第四代地铁车辆基地上盖开发设计体系。为未来地铁车辆基地上盖开发方向提供具有参考性的设计策略和指标参考。

1.3 相关理论与研究界定

1.3.1 理论概念

地铁车辆基地上盖开发设计以 TOD 理论、轨道交通与土地开发的互馈理论、城市触媒理论、城市—建筑一体化理论等多种城市和建筑设计理论为基础，发展形成了交通节点与高强度、高密度城市居住环境相结合的上盖综合体。

1. TOD 理论

1993 年美国彼得·卡尔索尔普提出 TOD 概念，即以公共交通为导向的城市发展模式，是为解决"二战"后以汽车为发展导向的美国城市无序蔓延、交通拥堵等一系列问题，而采取的以轨道交通、巴士干线等公共交通出行方式为主的一种趋向于步行化的城市规划设计理念，虽然是针对美国城市化问题提出的，但现在受到各国重视并加以运用。

彼得·卡尔索尔普在《下一代美国大都市地区：生态、社区和美国之梦》一书中对 TOD 模式定义是："TOD 是一个半径约 600m，在 5~10min 的步行范围的社区，其中心部位是公共交通站点和主要商业中心，集便于行走的整体环境要与多样的住宅、商店、办公楼、开放空间及其他公共设施为一体，在其社区居住和工作的人们可以很方便地通过步行、自行车或汽车到达他们想要去的地方"[15]。

经过二十多年的发展与实践，TOD 理论得到了丰富与补充，包括著名的土地混合开发（diversity）、高密度建设（density）和宜人的空间设计（design）的 3D 原则与在圣迭戈与加利福尼亚的实践。不止在美国本土，其他国家与地区也有根据自己的城市、公共交通等基本发展情况采用 TOD 理论指导城市的外延拓展及开发，并形成了适合自己的以公共交通为导向的城市发展策略，如日本是将 TOD 理念应用到轨道交通沿线土地开发的成功案例；中国香港地区的"地铁＋物业"模式是我国最早的本土化实践与探索范本。

我国内陆主要借鉴中国香港地区的成功经验，并汲取国外发达城市的模式范本，结合中国国情对于城市发展与公共交通之间相互关系的认识与实践，由土地开发引导公共交通模式积极向 TOD 模式转变，并不断提出适应我国基本国情、以城市公共交通（主要为轨道交通）为主的城市发展模式，其中轨道交通是我国 TOD 模式城市开发的根本支撑。地铁车辆基地上盖开发为我国应用 TOD 理念的一种重要实践，是一种城市外延开发引导模式，推进我国公共交通与城市发展有重要的指导作用（图 1-8）。

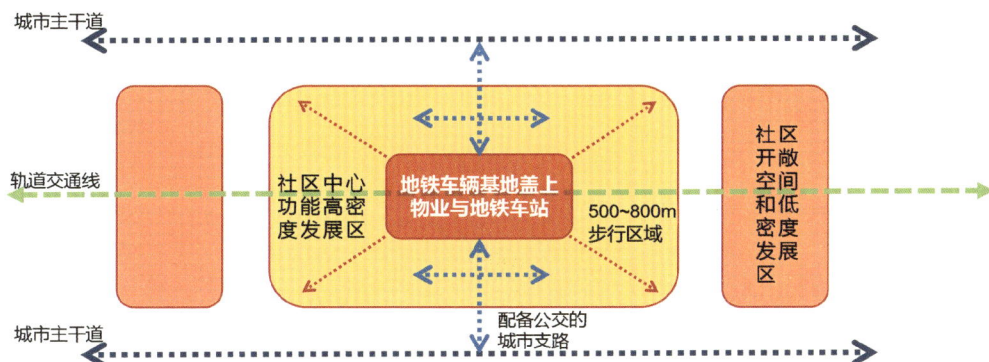

图 1-8　TOD 理论下地铁车辆基地上盖开发区域示意图

2. 轨道交通与土地开发的互馈理论

城市轨道交通建设使得城市整体空间结构改变，城市的经济、文化、社会等活动进行了重新分布组合，其周边土地价值和整体利用状况被改变。城市轨道交通作为我国大型城市公共交通的主要部分，承担着城市人员的主要运输功能，其承载运输能力和公共服务水平能够对改变轨道周边土地本身的可达性起到关键作用，一条轨道交通线路的开通，往往都伴随着其周边土地价格的升值和建设效率的快速提升。城市轨道交通对于其周边土地开发的主要作用为：首先是提升可达性，这是轨道交通建设对周边土地最直接、快速的作用，使它具有空间集结和集聚经济的潜力，也是土地价值升高且推动其开发的根本原因；其次是改变城市结构与土地利用模式，轨道交通建设加强了城市边缘地区与城市中心的联系，疏解了城市核心区的用地紧张，随着轨道交通沿线周边土地开发强度的提升，人口得到疏解，城市规模变大。

城市轨道交通出行使用量受到城市土地利用状况的影响，轨道交通周边土地的高密度、高强度开发为其带来了大量持续的客流并刺激了新的出行需求，提升了轨道交通的收入与商业潜力，因此可以说轨道交通周边土地利用开发是轨道交通出行需求产生的"源头"。轨道交通的利用率和出行量与周边土地开发利用的性质和强度成正相关关系，研究发现在土地的开发强度增加时，伴随着轨道交通的出行比例不同程度的提高和私家车出行比率的降低，同时还发现随着人口密度的增加，市民的平均通勤时间会相应减少[16]。所以轨道交通与土地开发两者之间形成了一个良性的交互反馈过程，每进行一次都能够带来轨道交通的发展和提升周边土地开发的效率，这就是轨道交通与土地开发的互馈理论。我国香港地区轨道交通沿线土地开发是一个成功案例，其轨道交通线周围，特别是交通站点附近集中排布了城市的主要功能建筑，使轨道交通的运输能力得到最大程度的发挥，鼓励了轨道交通周边的公共交通出行，使得高密度集约式的城市土地利用和发展模式与轨道交通建设形成良性的互馈利用关系（图1-9）。

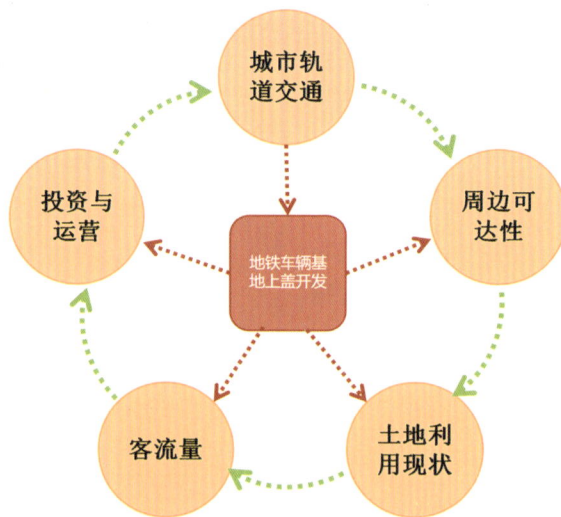

图1-9　轨道交通与地铁车辆基地上盖开发互馈关系示意图

3. 城市触媒理论

在1989年发表的《美国都市建筑——城市设计的触媒》（*American Urban Architecture-Catalysts in the Design of Cities*）一书中，美国学者韦恩·奥图（Wayne Atton）和唐·洛干（Donn Logan）借用"触媒"(Catalyst)这个化学概念，提出了"城市触媒"（Urban Catalysts）理论[17]。"触媒"，即指固体催化剂，是指一种能在化学反应中用来提升或者降低化学反映的速率，而自身质量与性质在反应前后没有变化的一种物质[18]。

"城市触媒"是指将城市发展、开发的一系列变迁过程看作一种化学连锁反应过

程，激发与维持这种化学反应过程的"触媒体"可能是任何能够触发城市活力并且
维持其发展的景观、建筑物甚至事件，是一种可以刺激与指引后续开发的元素，其
不单单是一种设计理论，更是一种城市层面的设计策略。它使城市设计者与决策者
思考城市建设发展中的连锁反应潜力，关注触媒元素置入城市时对周边发展的影响，
对促进城市的持续发展、改善城市发展面貌、加快城市结构的渐进改善和以一项开
发引起更多开发等方面具有正面推动作用，对触媒作用的良性认识、发展与实践将
会给城市发展带来巨大积极的提升和拉动。

地铁车辆基地上盖开发中，多数集中了上盖居住区、地铁站点和周边落地区商
业、办公等各种功能建筑，形成一个完备的"居住—服务"交互体系，对于周边开
发程度较低的城市外围地区，可以引起周边的连锁反应，带动周边地区全面开发，
提升现有地区的价值，成为一个城市触媒点，吸引更多城市元素聚集，进一步发生
整合、共振等联动关系，随着触媒点的不断扩展，联动变化不断发生，城市整体的
发展被带动，形成一种良性的震动向前的发展趋势（图 1-10）。

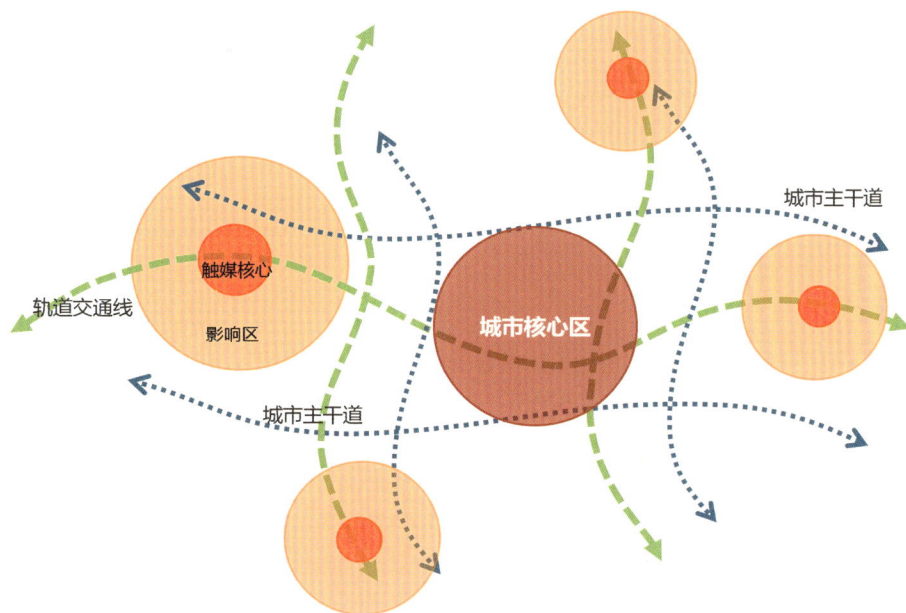

图 1-10　城市触媒理论下地铁车辆基地上盖开发示意图

4. 城市—建筑—体化设计理论

20 世纪 70 年代，欧美建筑师和规划师们对城市和建筑发展有了新的探索，建

筑与城市之间的关系被打破并重新定义。美国建筑师巴奈特（Jonathan Barnett）在
An Introduction to Urban Design 中明确指出"设计城市而非设计建筑物"的论点，
提出城市·建筑一体化的设计理念，认为从城市设计层面来说，一开始就关注于建
筑单体本身的设计是无法完成一个整体有秩序的城市设计的，所以他认为城市设计
需要在对城市的结构与整体风格有一定认识后，再进行主要的设计阶段，将"建筑
个体作为更高层次的城市整体中的次组成因素时，它们才是真正存在的，建筑个体
必须接受更高层次的城市秩序，并服从于这个秩序"，这是巴奈特对于城市设计的一
个重要观点[19]。

在设计领域，城市与建筑的边界开始变得模棱两可，起到分隔建筑与城市作用
的建筑立面被打破，立体化和室内化是城市空间新的发展方向，而建筑则以空间复
合化、功能集成化为主要特征，两者的空间关系不断渗透交结。城市、建筑一体
化设计将城市与建筑视作一个整体，表现为城市与建筑功能之间的互相衔接、紧密联
系，空间形态上相互立体交叉叠合和有机动态串接（图 1-11）。

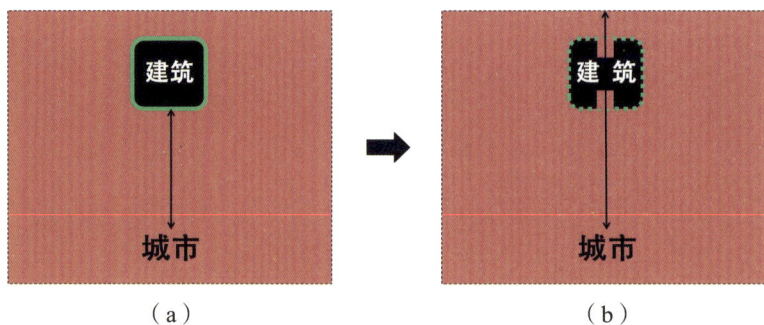

图 1-11　城市·建筑一体化设计理论示意图
（a）城市与建筑一般设计关系；（b）城市与建筑一体化设计理论关系

在对地铁车辆基地上盖物业进行设计时要改变传统的建筑设计理念，虽然上盖
物业被限定在运用库的顶部，但不应该将其视作孤立的区域，应以一体化的设计理
念把它作为城市中的子系统重新审视，建立能与城市交互发展的上盖空间，在功能、
空间、建筑形式等方面应先以城市基本的风貌、结构、景观、功能为前提，完善整
体设计[20]。

1.3.2　研究界定

1. 概念界定

1）地铁车辆基地

根据 2013 年版《地铁设计规范》（GB 50157—2013），明确"车辆基地"为统一名称，车辆基地是保证地铁正常运营的后勤基地，其设计范围包括车辆段、综合维修中心、物资总库和培训中心以及必要的办公、生活设施等，是地铁正常运营所必需的设备和设施（图 1-12）。

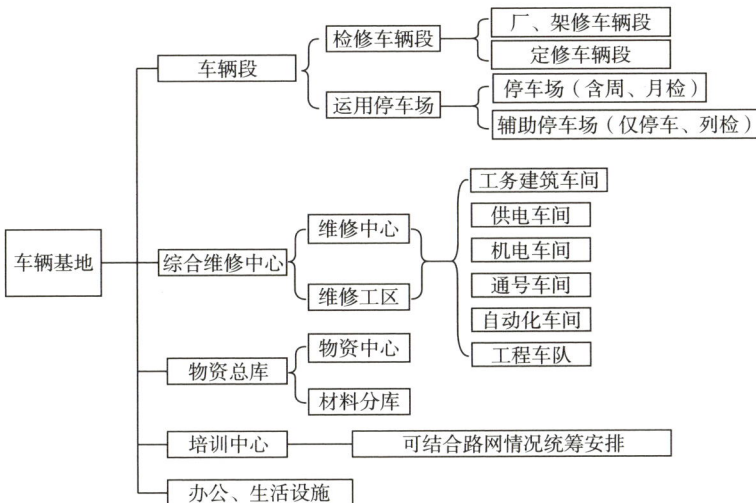

图 1-12　车辆基地功能组成

在我国，车辆段承担车辆定期检修和车辆运用整备及日常维修任务，根据承担车辆定期检修等级的不同，车辆段分为大架修车辆段和定修车两类；停车场只承担车辆的运用整备和日常维修保养工作，必要时还承担双周检和三月检任务，有时还配备临修设备和设施，与车辆基地不同，停车场是不做定期检修的。在工程设计中，可用相应的车辆段或停车场命名，规范中同时明确指出，"设有车辆段的基地是车辆基地，仅设停车场的基地也是车辆基地，两者只是规模不同而已"（图 1-13）。现有车辆基地分为三个层级，每个层级都有相应的建设标准与要求[21]。

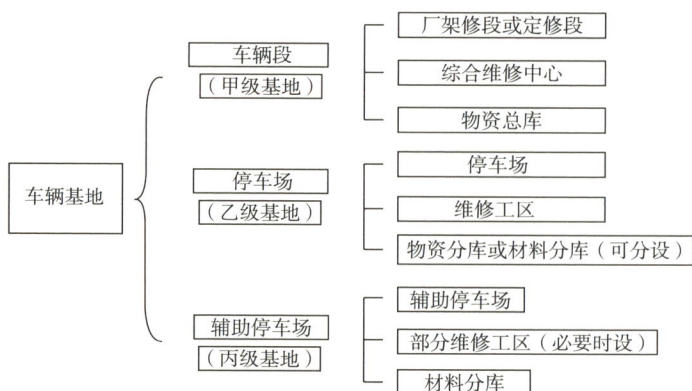

图 1-13　车辆基地分级

根据我国现行《城市轨道交通工程项目建设标准》（建标 104—2008）规定，每条运营线路宜设一个定修车辆段，当车辆段距终点站超过 20km 时，宜增设停车场（或辅助停车场），为"一段一场"（一个车辆段、一个停车场）原则，以保证车辆的正常维修和停放。车辆基地应靠近轨道正线设置，位置多在城市近郊，占地面积巨大，几公顷到几十公顷不等，停车及维修厂房上盖部分根据周边具体情况部分适合进行物业开发[22]。

2）地铁车辆基地上盖物业开发

以地铁车辆基地屋顶为基面的上盖开发为地铁车辆基地上盖物业开发，在上盖空间进行建筑、道路等设计。地铁车辆基地是保证地铁正常运营的后勤基地，其设计范围包括车辆段、综合维修中心、物资总库和培训中心以及必要的办公、生活设施等，是地铁正常运营所必需的设备和设施[23]。通常上盖物业开发范围还包括车辆基地区域内其他用地的落地开发（即白地开发），以及地下空间开发，从而形成一体化物业综合体。地铁车辆基地上盖物业开发由于空间、结构、功能的复杂性，通常将基地竖向空间划分为车辆基地层面、结构转换层面、上盖物业层面。车辆基地层标高为"0"m，其上盖结构转换层通常标高定为"9"m；通过结构的转换，上盖物业层面以标高为"15"m 的平地形式展现。地铁车辆基地上盖开发分为八大基本功能：居住功能、商业功能、办公功能、景观功能、交通功能、停车功能、文化功能、公共空间功能。居住功能为核心组成部分，满足上盖区域发展需求，实现对人口的聚集[24]（图 1-14）。

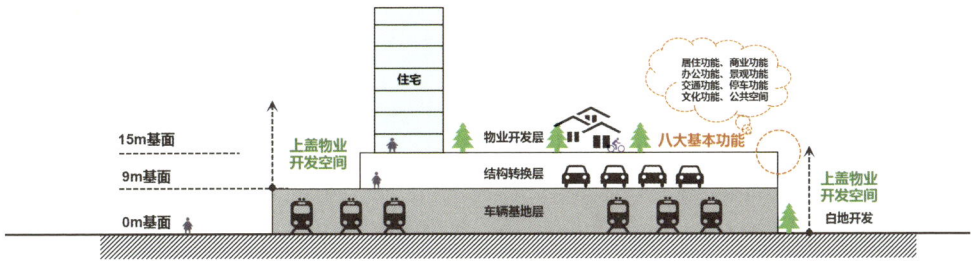

图 1-14　地铁车辆基地上盖物业开发

2. 范围界定

本书研究的第四代地铁车辆基地上盖主要运用建筑设计理论、绿色技术及理念、结构安全与防灾、信息工程技术相结合的手段，创新设计策略，建立功能立体融合的、生态环境绿色低碳的、技术措施安全适配的、运维管控高效便捷的第四代地铁车辆基地上盖一体化开发的创新体系。针对第四代上盖提出立体上盖、生态上盖、安全上盖、数字上盖四个方向。立体上盖方向，针对地铁车辆基地上盖物业开发的交通流线、功能空间等提出相应的设计模式；生态上盖方向，主要提升地铁车辆基地上盖的景观设计和公共安全，并提高绿色技术设计的使用率；安全上盖方向，主要结合结构技术、综合防灾技术与减声降噪技术提升盖上功能合理配置与百姓的生活质量；数字上盖方向，结合地铁车辆基地上盖设计开发时序、运营管理、数据技术和大数据共享等，能够提升物业服务，并积累数据以作为未来地铁车辆基地上盖设计开发研究的数据支撑（图 1-15）。

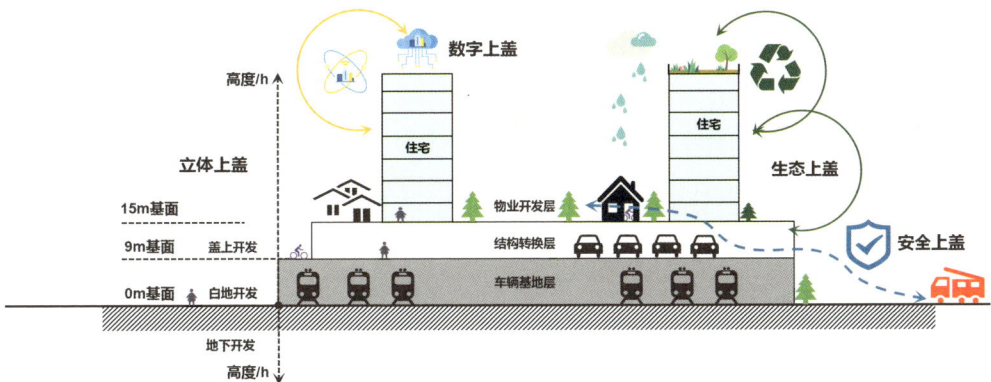

图 1-15　第四代地铁车辆基地上盖物业开发范围界定

1.4 国内外研究动态与案例综述

1.4.1 国外研究动态

通过对国外文献的收集、整理与研究发现，国外学者针对车辆基地上盖物业开发的研究内容较少，对于其设计策略及方法的研究基本为空白，而对地铁车辆基地的研究多集中于技术方面，且大部分是基于我国轨道交通发展的中国学者的外文研究成果。国外对于轨道交通周边土地利用方向的研究多集中于 TOD 模式研究与轨道交通与城市互馈发展两方面，但对于车辆基地综合体这一复杂的建筑类型，从宏观的整体性规划到局部细节的设计方法的研究不够系统，对于设计策略与方法更是少有研究。

1. 国外相关研究动态

1）国外 TOD 相关研究

1992 年美国的彼得·卡尔索尔普年提出 TOD 概念，即以公共交通为导向的城市发展模式；1993 年，在《下一代美国大都市地区：生态、社区和美国之梦》（*The American Metropolis-Ecology, Community, and the American Dream*）一书中彼得·卡尔索尔普独树一帜地提出了替代郊区蔓延发展模式的 TOD 模式，并为其制订了一系列规划设计准则。

Keiron Bailey 和 Ted Grossardt 提出了观察值的可视化评价和观察的方法，参与式的讨论 TOD 的设计在肯塔基路易斯维尔的应用[25]；Duncan Michael 研究测算 TOD 对圣迭戈公寓市场的影响，并指出 TOD 模式的协同价值大于各部分的总和，这也意味着在圣迭戈需要建造更多的 TOD 模式的健康住宅[26]；Wendy G.Z. Tan 与 Leonie B. Janssen-Jansen 针对珀斯、波特兰和温哥华这三个伴随着 TOD 模式的应用和激励的大都市，其相应地区的变化进行了探讨性研究[27]；John L. Renne 提出了一种交通毗邻发展模式到 TOD 模式的谱系，可以帮助规划者和决策者更好地了解和区分 TOD 模式[28]；Carol Atkinson-Palombo 与 Michael J. Kuby 说明了在凤凰城的 TOD 实践——分为五种区域类型，从就业中心、中等收入混合使用区、交通（停车换乘）节点、多人口租赁区域和城市贫困地区，层层推进 TOD 模式有序进行 [29]；
Pojani Dorina 和 Stead Dominic 介绍了从荷兰基本情况出发制定的 TOD 的原则和模式与相对理想化的 TOD 基本模式的区别 [30]；Justin Jacobson 和 Ann Forsyth 分析了在城市设计方面七个美国 TOD 项目的实践结果，并总结出一定策略对将来的 TOD 项目提供帮助，重点发展过程、场地整理、设施建设三个方面 [31]（表 1-2）。

表 1-2　国外相关理论研究

时间	名称	国家 / 作者	出处	概念含义
19 世纪后半叶	站城一体化开发	日本	—	以集约发展为核心理念，提高土地利用率为目标，倡导发展绿色交通，打造出以交通枢纽为核心的高效复合城市区域
1973	紧凑城市	Dantzig G. 和 Satty T.	《紧凑城市——适于居住的城市环境计划》	紧凑城市是针对西方城市郊区蔓延和"边缘城市"无效性等问题而提出的回应，其主要针对西方发达国家，通过优化城市结构、合理调整与利用城市资源，以缓和各类城市化问题
1989	城市触媒	美国 Wayne Atton 和 Donn Logan	《美国都市建筑——城市设计的触媒》	在城市发展过程中引入新的元素（触媒元素），以激发其他元素发生改变，产生新的作用
1993	TOD 理论	彼得·卡尔索普	《未来美国大都市：生态·社区·美国梦》	TOD 强调城市土地利用与城市交通的协调发展，作为社区发展模式和城市结构布局的理念
1998	公交都市	美国罗伯特·瑟夫洛	《公交都市》	指一个公共交通服务与城市形态和谐发展的区域，倡导城市公共交通主动引导城市发展

2）轨道交通与城市发展

Cervero R. 在 20 世纪 80 年代到 90 年代的一系列研究认为城市轨道交通周边的开发将会给其周围地区的居民、政府带来经济、社会效益，可以促进城市郊区的快速发展，提高公共交通的使用效率，并提出相应的土地综合利用模式。他还通过研究表明轨道交通周围居民乘坐轨道交通的概率是其他地区居民的 1~5 倍，并认为多中心的城市，需要高效率的轨道交通，同时还需要其他配套措施，他又提出了轨道交通站点的上盖物业综合组合的较优配套模式，对轨道交通周边地区的整体开发做出了巨大理论贡献[32-36]。

Sutapa Bhattacharjee 和 Andrew R. Goetz 的论文分析了 2000—2010 年轨道交通系统的土地利用增长趋势，并通过分析得出一个商业用地在轨道交通系统周边的引人注目的土地利用变化[37]；Jason A. Rodriguez 探讨了圣安东尼奥实施轻轨交通的影响因素，还通过其土地和公共交通发展的历史，提供一个了解城市如何发展到如此现状问题的分析探讨视角[38]；Nicholas Shawn Compin 的学位论文通过其研究中影响运输性能的四个变量——行政、金融、人口和政治进行评估，来确定社会在轨道交通中的投资是否具有影响，是如何在不同的地理区域和系统类型对轨道交通产生影响[39]；Keith Adam Ratnerde 的学位论文是一项针对美国轨道交通成功的发展模式与城市群、城市人口、就业和交通拥挤的关系的研究，推动新的轨道交通系统继续在美国大都会地区建立，并有更好地了解其与城市人口、就业和交通拥堵的关系特点，并将其更好地纳入整体美国城市形态[40]。

2. 不同国家相关研究

自 1863 年英国伦敦的第一条城市地铁开通运营以来，城市轨道交通建设呈现蓬勃发展之势，和其相关的研究成果和案例频出，经过一百五十多年的发展，其整体的设计、开发、建设等技术日渐成熟，但对于地铁车辆基地上盖物业开发与设计实践，由于技术能力及各国的政策和应对策略不尽相同，所以研究资料相对比较匮乏，其中日本、美国、英国与新加坡对于车辆基地的开发或者研究相对其他国家更具有代表性。

1）日本

日本在 19 世纪的明治时期，学者就已经提出通过开发地铁来带动东京的发展策略，日本是最早提出此类策略的国家。此后经过多年的发展，日本发达的国铁、私铁等地铁线路的轨道交通线网被建立起来，并通过对其城市轨道交通与沿线土地利用之间关系的综合研究，开创了地铁车站上盖物业综合开发的先进理念，如东京涩谷、筑波地区的地铁站城市综合体，但其对车辆基地上盖物业开发的研究与实践较少。日本车辆基地上盖开发时会以集约用地为前提，尽量压缩车辆基地的用地面积，并将车辆基地各工艺立体叠加布局。车辆基地多置于地下，并在其盖上地区做覆土绿化，主要开发目标是形成市民休憩的花园、广场等场所，如日本的光丘、御崎车辆基地都是如此开发。

2）美国

经文献查阅，美国对于车辆基地相关案例的研究极少，但其相关理论具有世界领先地位。例如，由彼得·卡尔索普(Peter Calthorpe)提出了"TOD"，韦恩·奥图（Wayne Atton）和唐·洛干（Donn Logan）提出的"城市触媒理论"，都成为轨道交通综合体类型建筑开发的基本理论，为世界各地城市建设与轨道开发所借鉴。

3）英国

英国地铁车辆基地和日本的车辆基地的开发处理模式基本相同，将车辆基地覆土布置于地下，区别在于因基本国情的差异，英国车辆基地的工艺不是立体叠加而是分散布局，且车辆基地上盖物业开发也多是商业综合体设施。如其 WHITE CITY 车辆基地就是将车辆基地厂区置于地面以下，在视线上进行全面隐藏，使其对上盖物业的影响降到最低，车辆基地功能区也避免了英国多变的恶劣天气影响，并在地面层开发大型商业设施 Westfield 商场，形成完整统一的空间形态，使周边消费者基本感受不到车辆基地对物业的影响（图 1-16）。

图 1-16　韦斯特菲尔德商场鸟瞰图
来源：http://img.hb.aicdn.com

4）新加坡

以莱福士、多美哥地铁站为例，新加坡开发地铁站通常在中心地区与商业、商务办公开发结合，与地下通道、周边建筑进行衔接，形成了丰富的地下商业网络。在城市边缘地区，则强调住宅配套与中心站点的结合，提升城市边缘空间活力，分担城市中心住区压力[41]。

在新加坡地铁规划被纳入城市总体规划范围内，站点周边土地开发初具规模后，政府才会实行站体的综合开发；另外一种开发方式是在站点周边预留一大片土地，等周边地区发展起来后，预留用地价值大幅度提升，政府以此获利。这种开发方式的可行性较强不会造成大量拆迁和不必要的浪费，值得学习[42]。

国外更多遵循 TOD 原则对城市轨道沿线的土地利用及站城一体化开发进行研究，对于地铁车辆基地上盖开发的研究较少，也并未将智慧城市理念融入[43]。

1.4.2 国内研究动态

1. 国内研究动态

我国内地的车辆基地上盖物业开发主要是借鉴中国香港地区模式，并根据我国建筑规范与开发特点得到相应的发展，国内近年来对于上盖物业的研究越来越多，将其分为车辆基地上盖物业开发模式研究、开发案例研究、开发设计策略与方法研究及相关技术支撑四个方面进行梳理。

1）地铁车辆基地上盖物业开发模式研究

随着我国开发项目的逐渐增多，对于车辆基地上盖物业开发模式的研究在 2010 年后开始增多，主要探讨政策法规、土地权属、开发程序、开发建设等多方面的模式特征，对我国的上盖物业开发的发展有一定总结，但没有将模式研究与车辆基地上盖开发设计研究相结合进行深入的探讨，见表 1-3。

表 1-3　开发模式研究汇总

作者	时间	论文题目	研究内容	备注
钟华	2009	城市轨道交通车辆段综合开发模式研究——以北京市为例	通过车辆段开发案例成功经验的总结，以及对北京四惠车辆段上盖开发现存问题的分析，结合北京已建成车辆段的开发现状，对北京土地、规划、投融资等方面政策障碍进行深入探讨，给出相关建议	学位论文

作者	时间	论文题目	研究内容	备注
肖中岭	2010	地铁车辆段及综合基地物业开发模式探析	对车辆段开发进行归纳总结，提出3种模式：地毯模式、地下掩土模式及高架模式。从投资决策与收益、土地性质与使用权属以及消防3个方面，对车辆基地物业开发在我国所面临的问题进行分析和思考	期刊
许维敏	2010	城市轨道交通车辆基地物业开发模式的探讨	通过对中国香港地区地铁车辆基地物业开发的实例以及上海轨道交通4号线蒲汇塘停车场物业开发的研究思路、方案设计的分析和总结，提出城市轨道交通车辆基地和物业开发相结合的一般类型、开发的模式及应遵循的原则	期刊
胡世东	2010	地铁上盖物业开发研究	主要研究地铁上盖物业开发的模式及工作程序，借鉴国内外经验，提出地铁上盖物业开发模式、开发工作程序及相应地铁站点地下空间、地铁站点地上空间、地铁车辆段基地开发方案的构思，并在此基础上结合南京地铁11号线沿线特点提出建议的上盖物业开发设想	学位论文
辛兰	2012	深圳市地铁上盖物业一体化开发模式研究	提出一体化的开发理念，将地铁上盖物业发展和运营前置于地铁工程建设，建立地铁主导体系，在开发层面就增加对后期运营的考量，从而以点带面，切实做到地铁的自我盈利发展，进而优化城市交通结构和空间结构	学位论文
袁锋	2013	城市轨道交通车辆段综合开发模式研究	比较分析各种车辆段综合开发模式，总结各种综合开发模式的优缺点及适用条件，结合实际工程中的工作经验，提出车辆段综合开发规划、设计中存在的问题	期刊
李文颖	2014	NC地铁车辆段上盖物业开发策划与经济分析	参考国内外先进的地铁上盖物业建设和管理的经验，通过对南昌地铁NC车辆基地研究分析，希望可以对项目建设与管理策略提供一些更加科学合理的规划、实施和运营的建议	学位论文
纪诚	2014	北京轨道交通车辆段综合利用模式的演进与创新	归纳出车辆段综合开发利用的规律，指出车辆段综合利用势必成为今后城市轨道交通产业发展不可或缺的环节之一。总结出轨道交通车辆段上盖开发自身的基本特征	期刊
纪诚	2014	城市轨道交通车辆段综合利用操作模式创新	对已实施完成的北京地铁10号线二期五路停车场综合利用项目进行分析，通过适当的模式加以开发利用，并在此基础上提出未来车辆段综合利用的思考与建议	期刊

作者	时间	论文题目	研究内容	备注
卢源	2015	轨道交通综合体的模式演进与设计创新——以北京地铁车辆段综合开发实践为例	总结北京城市轨道交通不同发展阶段车辆段综合开发利用模式的历程、演进和创新，归纳车辆段综合开发利用在规划管理、土地出让、建筑设计、交通组织、开发实施等方面的成功经验和教训，进而提出车辆段上盖开发的基本模式	期刊
卜昌芬	2016	浅谈轨道上盖综合开发模式——结合厦门轨道1号线实践经验	总结北京、深圳、香港等先进城市经验，从土地取得、开发方式、产权办理等方面总结提出目前国内上盖综合开发的新思路，并结合厦门轨道1号线具体实践，论述了几种常见的上盖综合开发模式，总结经验，提出规划建议	期刊
徐鹏	2017	浅析地铁车辆段物业开发模式及对工艺设计的影响	讨论城市轨道交通车辆段占地综合利用与物业开发的意义，分析了车辆段4种物业开发模式与优缺点。针对上盖物业开发对车辆段工艺设计的影响，分别从总图布局、室外管线、运用库、检修库等方面探讨应对措施	期刊
张夏怡	2017	穗港城市轨道交通车辆段上盖开发模式与景观优化研究	归纳总结轨道交通车辆段上盖开发的策略及景观优化的方法，对大都市圈目前正实施中或今后将要实施的上盖车辆段项目具有借鉴意义	学位论文
周彦君	2019	地铁车辆段及上盖物业开发一体化探讨	以国内各城市为例，探讨地铁车辆段上盖物业开发问题的优势效益及上盖物业开发主要面临的规划设计、消防设计、交通影响及环境噪声等问题，为地铁车辆段综合物业开发提供重要参考。随着我国城镇化步伐的不断加快，未来地铁车辆段上盖物业开发模式必将具有更加广阔的发展空间	期刊
施玮	2020	轨道交通沿线综合开发一体化模式相关分析	通过对轨道交通沿线综合开发一体化的基础理论和相关案例进行分析，结合不同的轨道交通站点与相关的开发要素，将开发模式按照不同特点总结分为上盖开发模式、	期刊
施玮	2020	轨道交通沿线综合开发一体化模式相关分析	地下空间开发模式、车辆段开发模式三大类别。通过对不同模式的开发模式及已建成实例进行解读，得到不同开发模式下相对合理的综合开发方案，为今后的轨道交通综合开发提供参考	期刊

2）地铁车辆基地上盖物业开发案例研究

开发案例的研究多是针对 2010 年以后的建设案例进行主要研究，不只北京、深圳等一线城市，武汉、苏州、徐州等城市也有相关的开发研究，说明我国车辆基地上盖开发的建设逐渐深入，相关开发设计经验积累不断增多，但研究多针对案例整体设计中的部分问题进行探讨，没有建构明确的设计脉络与设计体系，见表 1-4。

表 1-4　开发案例研究汇总

作者	时间	论文题目	研究内容	备注
郭瑞霞	2006	地铁物业开发探讨——介绍深圳地铁南头车辆段上盖建筑规划方案	介绍深圳地铁南头车辆段综合物业开发规划方案，说明该方案不仅可以减少铁路对城市的分割作用，而且可以带动周边地块的经济发展，完善整个区域的城市功能	期刊
沈健	2011	北京地铁 8 号线平西府车辆段上盖物业开发设计	介绍了北京地铁 8 号线平西府车辆段上盖物业开发的主要设计方案，并以此为例，对地铁车辆段上盖物业开发设计要点进行了梳理和分析，提出了地铁车辆段上盖物业开发设计的一般流程、注意事项及相关建议	期刊
徐伟工	2011	深圳地铁前海车辆段上盖物业开发建筑设计方案的应用	详细阐述地铁车辆段上盖物业设计中，如何有效解决车辆段上盖物业的交通组织、建筑消防、噪声防控三个主要问题。为今后车辆段及其上盖物业开发的设计方案提供借鉴	期刊
刘桂江	2012	苏州太平车辆段上盖开发消防设计	通过对苏州太平车辆段上盖综合物业开发项目的消防专项研究，提出合理、可行的消防设计和技术措施，满足该项目的消防要求，为类似工程消防设计提供参考	期刊
陈韵诗	2013	对地铁车辆段物业开发的思考与探讨——以广州市 6 号线萝岗车辆段为例	从广州市 6 号线萝岗车辆段入手，主要对一体化方案进行分析，并对目前开发所涉及的专业部门、审批标准、开发时机等问题进行了分析，同时提出相应的建议	期刊
孙汉贵	2013	考虑上盖物业开发的蛇口西车辆段设计及存在问题的思考	确保上盖物业的实施，车辆段设计对总体布局进行了优化，形成大面积物业开发平台，同时解决了一系列后期物业开发预留难题，同时提出了类似设计与规划应当避免和改进的问题	期刊

作者	时间	论文题目	研究内容	备注
户书辉	2013	地铁车辆段物业开发设计——以深圳地铁5号线塘朗车辆段为例	根据中国香港地区地铁对车辆段上盖物业开发的成功经验，结合深圳地铁5号线塘朗车辆段上盖物业开发的设计构想，阐述了地铁车辆段上盖物业开发的必要性，总结了车辆段上盖物业开发的设计方法及内容	期刊
张涛	2013	常青花园车辆段上盖物业开发设计方案研究	通过对常青花园车辆段上盖物业开发项目设计方案介绍，分析了地铁车辆段建设与上盖物业开发之间的相互影响，并对地铁车辆段上盖物业开发的理解、思考以及应用进行了探讨	期刊
喻祥	2013	地铁车辆段上盖综合体设计探索——以深圳市前海湾车辆段上盖综合体为例	以深圳地铁1号线前海湾车辆段上盖综合体为例，从城市设计的视角，强调基于TOD模式在地铁车辆段用地上进行高强度、高密度、混合功能的上盖综合体开发，对提高地铁沿线地区土地利用效益、优化城市空间结构具有特殊意义	期刊
袁锋	2013	地铁车辆基地物业开发关键要点探讨——以上海金桥车辆基地为例	阐述地铁车辆基地的特点及物业开发工作流程，以上海金桥车辆基地为例分析了车辆基地物业开发关键设计要点、决策要点，并提出了相应的解决措施，为以后的车辆基地物业开发提供参考	期刊
唐静	2014	武汉地铁常青花园车辆段上盖物业开发设计	通过对该项目的可行性分析、开发方案的研究，整理与归纳了地铁车辆段进行上盖物业开发设计需注意的问题及项目分阶段实施的工作内容，供今后地铁车辆段设计作参考	期刊
黄飞	2015	山地城市轨道交通上盖物业开发设计的探索与实践——以重庆轨道6号线大竹林保养场上盖物业为例	通过研究国内外已经建成的轨道交通上盖物业项目及其相应的成熟理论，结合国内实际情况与山地城市这一特殊城市类型，研究适合山地城市轨道交通上盖物业开发设计的开发类型与开发模式，并提出设计策略	学位论文
朱明勇	2016	徐州轨道交通1号线杏山子车辆段上盖开发方案研究	通过分析杏山子车辆段周边规划、地理位置和人口需求等因素，确定以特色商业街作为杏山子车辆段的上盖开发业态	期刊

续表

作者	时间	论文题目	研究内容	备注
刘用海	2016	关于地铁车辆段上盖物业开发的设计思考——以福州地铁 2 号线竹崎车辆段为例	以福州地铁 2 号线的竹崎车辆段为例，研究其上盖物业的开发和设计。为后续的地铁车辆段上盖物业的设计以及可持续发展提供一些有用的参考，做好地铁车辆段上盖物业的设计及开发工作。做到土地的最大限度利用，提高土地的价值。实现建设的科学性、合理性和实用性	期刊
熊臻	2017	轨道交通车辆段上盖物业综合利用与开发研究——以南昌地铁 1 号线蛟桥停车场为例	通过研究怎样把南昌轨道交通车辆段和停车场的上盖土地进行高效节约利用与开发，并实地考察与总结目前国内上盖物业开发中存在的问题，针对问题进行深入分析，明确问题形成的原因、找出解决办法，并针对问题提出相应的完善策略	学位论文
吴宏娜	2018	轨道交通上盖综合体开发中的交通系统规划研究——以上海轨道交通18 号线航头车辆段为例	通过分析上海轨道交通 18 号线航头车辆段上盖综合体项目研究实例，以公共交通为导向，在规划阶段先行建立复合交通体系，预留各类交通设施空间，设计交通子系统功能及组织方案，避免在设计阶段遇到规划及设计条件受限或功能不足等问题	期刊
薛柱娄爽靓	2019	浅谈在地铁车辆段上盖物业开发设计中如何利用地形优化交通组织——以成都青台山站龙泉车辆段为例	以成都青台山站龙泉车辆段开发项目为实例，梳理了一系列设计工作的程序、目标和工作内容，同时对设计中的停车换乘设施（技术措施）进行了论述和分析，为进一步研究城市地铁车辆段上盖物业开发提供设计策略	期刊
何树楷孙东娜	2020	基于 TOD 车辆段类型项目的交通组织策略研究——以陈头岗车辆段项目为例	车辆段类型项目是 TOD 轨道交通众多项目中作为停车场的一种，由于用地、体量都比较大、离市中心远、功能及业态多复杂等特征，项目上盖开发在交通组织上存在一定的困难和挑战，如何解决存在的交通问题，是车辆段上盖开发的关键点	期刊

3）地铁车辆基地上盖物业开发设计策略与方法研究

对于车辆基地上盖物业开发的设计策略与设计方法的研究，在 2014 年前后开始增多，关注的设计要点比较细碎，各方面都有一定涉及，但不够深入，多结合案例经验进行一定表述，几篇学位论文各有侧重点，也基本专注于上盖物业设计的一个方面或多个方面进行一定研究，见表 1-5。

表 1-5　设计策略与方法汇总

作者	时间	论文题目	研究内容	备注
高虹	2009	地铁车辆段预留上盖开发消防设计研究	通过对深圳地铁前海车辆段预留上盖消防设计的研究，提出车辆段上盖的板、梁、柱、基础等均应采用非燃烧体材料，为设计提供参考依据	期刊
缪东	2010	对城市地铁车辆段物业开发的思考	阐述了轨道交通物业开发的意义和前景，针对国内地铁车辆段的建设特点，结合工程规划和建设实例，对目前地铁车辆段物业开发方案、形式及存在的问题进行了分析，提出了目前地铁车辆段物业开发应注意和解决的问题	期刊
夏梦丽	2012	轨道交通车辆基地综合开发立体空间模式研究	核心部分讨论了轨道交通车辆基地立体空间组织的实体要素及空间要素，包括地上、地面、地下三个城市界面中形态丰富、集聚多义性的公共空间节点及其空间组织结构	学位论文
邱威超	2014	广州地铁 6 号线车辆段上盖物业开发研究	对广州地铁 6 号线车辆段上盖物业的开发进行了系统研究，对政策法规和具体工程实施做了详尽描述	学位论文
陈天明	2014	广州市地铁车辆段上盖开发项目交通系统规划	在分析客户来源和交通模式特征的基础上，总结出一套适合广州市实际的地铁车辆段上盖开发项目交通系统规划方法，将地铁车辆段上盖较好地融入周边环境中，为国内其他城市解决上盖项目交通难题提供借鉴	期刊
闫雪燕	2014	城市轨道交通车辆段物业开发研究	车辆段物业开发的几种主要模式：屋顶绿化、库上物业开发、落地物业开发、库上库下同时开发以及地下车辆段开发等，并相应列举了有代表性的车辆段开发案例	期刊
张一纯	2014	城市轨道交通车辆段上盖物业规划设计研究	从车辆段本身的功能和特点出发，提出广义的车辆段上盖物业规划设计的研究范围，并从开发过程、规划设计和工程技术要求三个维度解读车辆段规划设计的限制条件	学位论文

续表

作者	时间	论文题目	研究内容	备注
贠虎	2015	地铁车辆段上盖开发相关问题及应对措施	对由于上盖开发引起的行车安全隐患，盖下作业环境恶化，占地面积增加，建设费用增加，对消防交通及环境、振动和噪声、总图布置和检修工艺的不利影响等，提出应对措施	期刊
齐莹菲	2015	轨道交通车辆段上盖开发内外交通衔接模式	重点总结不同交通方式的上盖内外衔接模式，包括道路、轨道交通、常规公交、出租车、非机动车和步行，并结合案例阐述应用情况	期刊
孙美骄	2015	地铁车辆段上盖居住物业交通组织设计研究	本文的研究能对今后地铁车辆段上盖居住物业的交通组织设计提供有价值的参考和借鉴，从而共同提高这种新模式下的居住物业人居生活环境质量，使这种开发模式更持续、健康地发展	学位论文
杨华	2016	城市轨道交通车辆段综合开发规划设计初探	围绕车辆段综合开发的功能构成、交通组织以及空间营造三大关键问题，从重要性、综合开发的外部衔接、综合开发的内部组织三个方面对具体的规划设计方法进行研究论述	期刊
钱忠运	2017	城市轨道交通车辆段上盖物业开发核心问题分析	针对车辆段上盖物业开发的土地获取方式、开发模式、开发策略、建设时序等核心问题对上盖物业开发的影响，提出了相应的控制措施，轨道交通上盖物业开发核心问题分析可为后续上盖物业的设计、开发模式、流程提供参考	期刊
彭家健	2017	基于主题式商业的地铁车辆段上盖物业商业规划研究	针对车辆段上盖物业定位分为总体规划和子功能物业规划，提出总体规划的目标和城市特征分析因素、区域特征分析因素；提出子功能物业规划目标，通过对市场环境、竞争者和顾客的分析，确定子功能物业的定位。总体规划和子功能物业规划构成车辆段上盖物业项目的商业规划	期刊
梁致远 郭海	2018	地铁车辆段上盖开发功能定位的优化策略研究	通过对地铁车辆段上盖开发功能定位存在的问题分析，提出功能定位的优化策略，有助于车辆段上盖开发形成合理的功能定位，推动土地资源的集约化利用、功能的复合化组织，激活片区的功能节点，促进城市功能结构优化、空间布局调整等，在经济、社会、环境方面获取最佳收益	期刊
王壹省	2018	地铁车辆段站场设计方案可持续发展评价方法研究	对地铁车辆段站场设计方案可持续发展评价问题进行深入的研究归纳，提出车辆段建设应实现的目标，以此为基础结合车辆段工程实际，建立地铁车辆段站场设计方案可持续发展评价指标体系，提出一套完整的地铁车辆段站场设计方案可持续发展评价方法	学位论文

续表

作者	时间	论文题目	研究内容	备注
易磊	2019	地铁车辆段上盖开发项目交通影响及改善措施研究	通过分析各类影响因素的特性，提出一系列改善措施，最后以沙河滩车辆段为例，通过相关措施将上盖物业产生的交通影响化解至最低	期刊
张哲妹	2020	地铁车辆段上盖建筑与周边环境整合设计研究	以促进现代城市综合发展为宗旨，探究上盖建筑与交通环境的整合策略，设计期间结合景观环境等资源的整合，能提升景观系统的可见性、可游性及材质与形态等的一体化程度，推动地铁车辆段上盖建筑与周边环境更加协调、统一发展进程，为现代化城市运营作出贡献	期刊
周媛刘佳吴超	2020	地铁车辆段上盖一体化开发项目关键性问题分析	提出地铁车辆段盖下厂区内应在以政策运营为前提，通过不断地优化、组合和类比设计内容，有效提升其与城市之间的紧密结合、结构转换方式的合理性、交通动线组织的便捷性、功能业态配置的科学性、盖上与盖下空间的利用率等，为项目周边地区注入经济活力，为城市增添一个生活舒适、出行方便、提供综合便民服务的高品质生活区	期刊

4）地铁车辆基地上盖物业开发相关技术支撑

关于车辆基地上盖物业开发的技术类研究，多集中在结构、防震、消防、减振降噪等方面，也多是在 2010 年之后，整体研究数量有显著提升，这些研究根据实际案例，为上盖物业开发提供了技术解决方案，但与设计层面结合较弱，见表 1-6。

表 1-6　相关技术研究汇总

作者	时间	论文题目	研究内容	备注
赵新卫	2005	层间隔震技术在地铁车辆段大平台上部土地开发上的应用研究	通过非线性时程分析和模拟地震动振动台试验，研究了此层间隔震结构体系的抗震性能	期刊
何永春	2010	深圳地铁塘朗车辆段上盖物业开发轨道减振降噪措施研究	针对深圳地铁 5 号线塘朗车辆段上盖物业开发的减振降噪问题，对各种减振与降噪措施进行综合比较，因地制宜地提出车辆段轨道的减振降噪措施	期刊

作者	时间	论文题目	研究内容	备注
王进	2011	上盖开发的地铁车辆段防火性能化分析与研究	以平西府上盖开发的车辆段为案例,对其进行烟气蔓延模拟分析和虚拟现实人员疏散分析。运用 FDS 模拟软件进行烟气模拟,结合虚拟现实技术运用 building EXODUS 软件进行人员安全疏散	学位论文
曾甫海	2011	有上盖开发地铁车辆基地消防给水系统设计探讨	针对有上盖开发地铁车辆基地的消防给水系统设计,从建筑分类的明确、消防给水系统形式的选择、自动灭火系统的设置以及特殊部位消火栓布置等问题进行简要分析,并提出一些具体建议,供同类工程设计参考	期刊
赵宏康	2013	苏州太平车辆段停车列检库上盖物业开发复杂高层结构设计	介绍了在苏州太平车辆段上部进行上盖物业开发的复杂高层结构的建筑特点、结构特点及设计要点,说明带箱式转换的巨形框支柱 - 剪力墙结构体系是适合上盖开发的一种结构体系	期刊
陈斌	2014	地铁车辆段上盖物业开发的关键工程问题	针对开发策划、建设时序、运营成本、交通组织、消防设计和防雷接地等多个关键问题,逐一进行分析,重点分析了地铁列车振动、噪声、电磁辐射、废气及固体垃圾等其他因素对上盖物业的影响,并提出了相应的控制措施	期刊
米宏广	2014	上盖物业开发房屋的车辆段结构设计探讨	对车辆段上部盖有物业开发房屋的车辆段如何合理确定结构方案,避免结构体系成为严重不规则结构,提高其抗震性能等需考虑的问题及采取的对策进行详细论述,并据此确定车辆段的合理结构方案	期刊
李晓霖	2014	地铁运行诱发振动对车辆段上盖开发结构的影响	以地铁列车动荷载时程作为模型输入,建立 FLAC 二维动力数值分析模型,并进行动力学分析,得到地铁列车运行产生的振动对车辆段上盖及开发建筑的影响规律	期刊
宋丛丽	2015	带上盖开发地铁车辆段室外综合管线设计研究	通过研究,拟找到制约室外综合管线布置的因素及解决方法	期刊
唐树贺	2015	运营条件下车辆段上盖物业开发对既有地铁影响研究	分析了各风险控制阶段的风险因素,并提出针对性的控制措施,提出风险管理流程控制,控制车辆段物业上盖工程造成既有地铁结构的风险	学位论文

续表

作者	时间	论文题目	研究内容	备注
李鹏	2015	开发型地铁车辆段大平台防排水及雨水利用研究	通过对目前国内外雨水利用的各种方法的梳理和适用范围的分析，结合车辆段大平台自身的建筑特点，最终得出屋顶绿化、高位花坛、透水性铺装、雨水集蓄与渗透等方法能够运用于车辆段大平台，并对其具体的位置和做法进行分析和总结	学位论文
周零非	2016	绿色建筑在轨道交通停车场上盖开发中应用研究——以重庆市轨道交通×停车场上盖开发项目为例	以重庆轨道交通某停车场上盖开发项目规划设计为例，结合"绿色建筑"的相关理念，通过采取本土化、低技高效、精细化的绿色建筑规划设计策略，对绿色建筑技术在轨道交通上盖综合开发中的应用进行了初步探讨	期刊
邹超	2017	地铁车辆段及上盖建筑物振动传播规律及减振技术研究	以珠江三角洲地铁车辆段及其上盖建筑物为研究对象，系统研究了地铁车辆段及其上盖建筑物的振动传播规律，建立了建筑物振动预测方法，提出了有效的振动控制措施	学位论文
郑辉	2018	减振沟技术在地铁车辆段上盖开发中的研究及设计应用	以带上盖物业的车辆段为研究对象，系统地研究此类结构的振动机理，基于国内外研究成果，从传播路径隔振着手，利用有限元建立振动传播规律数值分析模型，并对空沟和填充沟减振技术分别从宽度、深度、设置位置进行模拟分析	期刊
王兴	2019	地铁车辆基地上盖预留开发盖板防排水关键性技术研究	分析了预留盖板对地铁车辆基地及上盖物业开发的影响，以及盖板的不同使用阶段、不同功能定位对盖板的设计要求。利用分析法得出预留盖板在不同开发时期关键节点的特点。总结了设计过程中适于预留盖板，同时能够兼顾不同使用阶段的防排水优选方案	期刊
葛红	2019	上盖开发车辆段室外综合管线设计研究	以杭州地铁7号线盈中车辆段为设计案例，介绍了上盖物业开发车辆段的总图方案，并对上盖开发车辆段的室外综合管线设计进行研究，旨在为日后其他上盖开发车辆段室外综合管线设计提供借鉴与参考	期刊

作者	时间	论文题目	研究内容	备注
刘文龙	2020	广佛环线城际铁路综合检修基地上盖综合开发研究	基于广佛环线城际铁路综合检修基地上盖开发实践，针对城际铁路上盖综合物业开发立项前期的投资建设模式、投资分摊原则，设计阶段的上盖结构选型、消防设计，项目实施阶段的上盖盖板工程与物业开发的衔接等重难点问题，提出相应的开发策略，其经验可为其他城市轨道交通经营开发和建设提供借鉴	期刊
李明涛 樊轶江	2020	轨道交通车辆基地预留上盖物业开发条件技术研究	分析了国内车辆基地上盖物业开发的发展趋势，在此基础上，对国内车辆基地上盖物业开发的特点及上盖开发现状进行分析，对充分预留上盖开发条件的主要技术措施进行研究总结，为今后类似工程提供一定的借鉴和参考	期刊

5）研究动态总结

将我国对轨道交通的研究内容的变化以 5 年为 1 个时间段进行划分，见表 1-7。随着时间的推移，我国对城市地铁沿线土地开发的研究内容越来越广泛也逐渐深入和细化，直到延伸至车辆基地上盖物业方面的研究。2010 年为分水岭，2010 年以后我国实践项目爆发式增长，整体研究更为务实，多与实际案例相结合，但目前还没有研究将智慧发展与地铁车辆基地上盖开发相结合进行系统的探讨和阐述。

表 1-7　我国各时间段研究内容

时间段 / 年	研究主要内容
1996—2000	· 城市轨道交通规划理论和设计方法 · 国内外城市轨道交通的投融资政策 · 香港地铁市场化运作机制、融资方式、盈利模式等 · 香港轨道交通与土地资源的综合开发 · 地铁车辆段设计规模的探讨、地铁车辆段总平面设计特点及优化 · 国内外城市轨道交通规划与设计
2001—2005	· 香港地铁建设物业开发模式简介 · 香港地铁的现有规模及最新发展 · 地铁商业开发规划探析 · 香港地铁建设物业开发模式简介

续表

时间段 / 年	研究主要内容
2001—2005	·香港地铁的现有规模及最新发展 ·地铁商业开发规划探析
2006—2010	·地铁车站和上盖及周边物业相结合的一体化开发研究 ·香港与内地地铁上盖物业开发及设计方法的比较性研究 ·"地铁＋物业"模式前期研究工作的探讨 ·地铁上盖物业的建筑设计 ·TOD 模式引导的车辆基地综合开发初探 ·城市轨道交通车辆段综合利用操作模式创新与优化
2011—2015	·《国务院关于城市优先发展公共交通的指导意见》(国发〔2012〕64 号)明确提出要加强公共交通用地综合开发 ·城市轨道交通车辆段综合开发模式研究 ·车辆基地综合开发设计技术可行性研究 ·国内已建成一体化车辆基地案例分析研究 ·车辆基地上盖物业开发关键技术优化与设计 ·车辆基地一体化开发的同步规划机制
2016—2020	·基于主题式商业的地铁车辆段上盖物业商业规划研究 ·地铁车辆段站场设计方案可持续发展评价方法研究 ·绿色建筑在轨道交通停车场上盖开发中的应用研究 ·地铁车辆段上盖建筑与周边环境整合设计研究 ·轨道交通车辆段上盖开发模式与景观优化研究

2. 国内相关案例综述

截至 2020 年 12 月，我国内地已经拥有十多年的地铁车辆基地上盖开发的经验，根据城市发展现状，未来车辆基地上盖开发主力主要是地铁线路发展较好、人口密集的城市。目前约有 31 个车辆段处于规划、设计阶段，其规划总开发面积为1386hm²，北京的五路停车场、郭公庄车辆段等多个项目已经完成销售。广州的官湖车辆段、水西车辆段、萝岗车辆段等已经进入销售阶段。上海徐汀车辆段、广州陈头岗等还在设计阶段。

从四惠车辆基地的开发到榆树庄的开发拥有了丰富的实践经验，对于地铁车辆基地上盖开发的研究已经拥有很多案例进行支撑，但是并没有将智慧城市的发展理念融合的理论性研究和实际项目落成。

1）北京

截至 2020 年，北京已实现综合开发利用的车辆基地规模约 115hm²，未开发的车辆基地占地面积则有 373hm^2，开发程度较低。北京四惠地铁车辆基地上盖开发是我国首个地铁车辆段上盖项目。2012 年后，北京又规划和新建了多个项目，是目前全国地铁车辆基地上盖开发量较多的城市之一（表 1-8）。

表 1-8　北京开发案例汇总

名称	项目占地面积 / hm^2	总建筑面积 / hm^2	容积率	上盖功能配比	示意图	备注
四惠车辆基地	34.20	50.33	3.50	16.5% 配套公建，83.5% 住宅面积		国内城市轨道交通与住宅建设第一次尝试
郭公庄车辆基地	22.36	54.92	2.50	9.8%、10.9%、3.3%、76.0%（住宅面积、商业、酒店办公、配套用房）		多功能开发的第一次尝试，只有部分实现真正上盖开发
五路停车场	18.69	32.99	1.50	17.0%、29.1%、53.9%（住宅面积、商业办公、公建配套）		铁 6 号、10 号线共用停车场，咽喉区上方进行第一次开发种植绿地
平西府车辆基地	39.30	51.71	1.30	3.2%、7.8%、89.0%（住宅面积、商业办公、公建配套）		车辆基地厂房控制高度为 30m，盖上区与落地区建筑控高 60~80m
焦化厂车辆基地	40	61	1.50	18.0%、6.1%、15.4%、6.5%、54.0%（住宅、商业、公寓、办公、公共配套）		上盖商业办公建筑高度达 80m；西侧咽喉区上方作为城市公园，开天窗采光
北安河车辆基地（预计 2023 年完工）	26.19	30.25	1.15	25.4%、28.3%、46.3%（住宅、车库、公建配套）		落地区包含办公、商业、幼儿园等配套；库区上盖区为居住功能；咽喉区上盖部分为办公功能

名称	项目占地面积/hm²	总建筑面积/hm²	容积率	上盖功能配比	示意图	备注
亦庄t1线车辆段上盖	10.31	17	1.65	35.3% 64.7% ■住宅 ■公建配套		建筑高度总体控制在80m以下，盖上盖下立体交通串联居住、配套商业、幼儿园等功能区
榆树庄停车基地	23.40	103	4.40	—		人车分流，打造智慧服务平台，包括商业、教育、住宅功能区
东坝车辆基地	65.34	55.24	0.85	—		北京轨道交通一体化综合利用规模最大的地铁项目

2）深圳

深圳地理位置毗邻香港，受香港上盖物业开发影响，进行了大量关于基地上盖开发的探索和实践（表1-9）。截至2020年，部分车辆基地上盖物业已经建成和运营。由于深圳的城市发展速度较快，对于地铁车辆基地上盖开发的需求较大，同时根据地形、地块条件不同，开发类型也较为丰富，上盖物业功能类型较多，整体开发情况仍处于快速发展的上升阶段。

表1-9　深圳开发案例汇总

名称	项目占地面积/hm²	总建筑面积/hm²	容积率	上盖功能配比	示意图	备注
松岗车辆基地	39.28	79.60	2.00	7.0% 9.0% 12.0% 72.0% ■住宅 ■商业 ■公寓 ■公共配套		集住宅、商业、公共配套、地下商业、教育为一体

名称	项目占地面积 / hm²	总建筑面积 / hm²	容积率	上盖功能配比	示意图	备注
深云车辆基地	11.44	38.90	3.40	住宅 54.0%、商业 6.1%、公寓 18.0%、办公 15.4%、公共配套 6.5%		地铁车辆段上部加盖修建地铁文体公园和地铁大学
塘朗车辆基地	23.50	70	2.90	住宅 70.3%、商业办公 18.2%、其他 10.1%、配套 1.4%		该项目采取分层确权的方式，实现了综合开发不同用地性质的混合使用
蛇口西车辆段	12.80	30	2.30	住宅 62.6%、其他 37.4%		由三个平台组成：其中 2 号地块为保障性住房，建成后可提供 10 栋、3208 套保障房
横岗车辆段	26	68.12	2.62	保障住房 23.0%、物业开发 57.1%、教育设施 2.9%、其他 17.0%		集住宅、商业、公寓、体育公园、公共住房、学校等配套设施于一体的大型综合性社区
前海湾车辆段	48.90	142.30	2.90	住宅 42.3%、商业 27.7%、公寓 4.3%、办公 15.7%、公共配套 4.3%、商业 3.0%		将上盖分两层，一方面顺平结构格网的方向；另一方面对下部车辆段轨道系统有一个形象的表达
深大北车辆段	0.97	9.70	10.00	综合办公 100.0%		集地铁、公交、社会车辆、出租车在内的综合枢纽

名称	项目占地面积/hm²	总建筑面积/hm²	容积率	上盖功能配比	示意图	备注
龙华车辆段（一期完成，二期在建）	6	13.80	2.30	综合办公 93.0%，商业 4.9%，公共配套 2.1%		项目配建幼儿园、物业管理用房、老年人日间活动中心、社区体育活动场地
安托山停车场（2019年12月至2023年11月）	16	43.70	2.70	住宅 70.9%，公寓 5.2%，办公 12.0%，商业 4.2%，商业 7.7%		住宅、商业、物业管理用房、学校、幼儿园、文化活动中心、公交首末站
长圳车辆段	20	45.89	2.40	商业、公建配套、教育及住宅		规划用地性质为居住用地+商业用地及配套公共服务设施用地为主，未来将打造成为大型高端商住综合社区
凉帽山车段	2.20	15.40	7	—		上盖物业主要将建成人才房和保障房6000套

3）广州

广州作为我国的一线城市，在经济快速发展的同时，城市建设也在不断跟进。广州在地铁车辆基地上盖物业开发上，经过前几年对其他建成项目以及技术、理论知识的学习，近些年在地铁车辆基地上盖开发方面有了明显的进步，建设项目增多，建设量大，与深圳相比，广州更偏向于以居住型为主导的上盖开发方向（表1-10）。

表 1–10　广州开发案例汇总

名称	项目占地面积 / hm²	总建筑面积 / hm²	容积率	上盖功能配比	示意图	备注
镇龙车辆段	25.46	53.47	2.10	住宅 89.9%、公建配套 10.1%		镇龙枢纽站现有三条轨道，其中两条地铁线，一条城际线
水西停车场	8.20	22.45	2.80	住宅 85.5%、公建配套 14.5%		采用错层、阶梯布局，增加地区公共绿地，新增区域级配套
岐山车辆段	17.73	42.57	2.70	住宅 92.7%、公建配套 7.3%		集住宅楼、综合楼、商铺功能为一体
南沙停车场	15.40	28.03	1.80	住宅 90.1%、公建配套 9.9%		交通枢纽为核心，发展综合服务功能，包括行政办公、商务办公、商业服务、休闲娱乐、居住等功能
白云湖车辆段	23.82	66.69	2.80	住宅 61.6%、商业办公 31.6%、公建配套 6.8%		车辆段上盖平台标高为 9.0m，面积约 19.8hm²，预留上盖房产开发条件
官湖车辆段	41	133	2.70	住宅 61.6%、商业办公 31.6%、公建配套 6.8%		空间规划结构、景观规划结构、公建配套体系、慢行步道系统四个方面整合
萝岗车辆段	31	约 93	2.10	住宅 87.0%、商业办公 9.6%、公建配套 3.4%		项目包括超高层住宅、复式住宅、高层住宅、情景洋房、独栋商业

名称	项目占地面积/hm²	总建筑面积/hm²	容积率	上盖功能配比	示意图	备注
陈头岗停车场（2021年年底部分楼交房）	24.21	58.34	2.40	住宅 82.3%、商业 7.0%、教育配套 10.7%		集学校、公园、商业于一体的上盖立体社区，利用高差设计空中园林，商业配套无缝接驳地铁站
陇枕停车场	18.06	35.69	1.98	住宅 92.8%、公建配套 7.2%		华南地区最大地铁装配式建筑，上盖面积约8.42hm²，其中4hm²采用装配式建筑设计技术

4）上海

2010 年左右我国地铁车辆基地上盖物业开发兴起，一直以发展地铁线路为主的上海通过学习开始了新项目、新方向的尝试（表 1-11）。

表 1-11　上海开发案例汇总

名称	项目占地面积/hm²	总建筑面积/hm²	容积率	上盖功能配比	示意图	备注
吴中路停车场	20.20	52.35	2.50	商场 41.0%、酒店 7.7%、博物馆 1.3%、办公 34.1%、商业 15.9%		集高层商场、办公楼博物馆、高层酒店、商业为主要建设
金桥停车场	80	97.60	1.22	住宅 71.5%、商业办公 9.3%、公建配套 19.2%		基地临近金桥出口加工区，服务范围覆盖多个产业园区及重要城市节点，是新区重要产业区块的重心之地

名称	项目占地面积/hm²	总建筑面积/hm²	容积率	上盖功能配比	示意图	备注
徐泾车辆段	—	80		住宅 61.4% 商业 17.5% 办公 17.5% 景观 3.6%		有一体复合型商场，9m是小区第五大道、地铁出入口、商业；15m是国展万科中心的一层；18m是高端办公

5）其他省会、二线城市

在一线城市的轨道交通快速发展影响下，我国某些发展较快的省会及二线城市也在发展地铁线路，并已经投入运营的线路不止一条，同时部分城市也进行了地铁车辆基地上盖开发的尝试和研究，具有一定成果（表 1-12）。

表 1-12 其他省会及二线城市开发案例汇总

名称	项目占地面积/hm²	总建筑面积/hm²	容积率	上盖功能配比	示意图	备注
杭州七堡车辆段	50	103	2.10	住宅 61.7% 商业办公 19.4% 公建配套 18.9%		目前国内最大的地铁上盖综合体之一
苏州太平车辆段（住宅楼在建）	29.40	65	2.20	住宅 59.2% 商业办公 18.5% 公建配套 22.3%		总平面图共分为五个区域，其中两个区为预留的白地开发区
南京南延线停车场	13.70	36.80	2.70	住宅 70.6% 商业办公 21.7% 公建配套 8.7%		开创了我国高架停车场综合物业开发的先河，成为高架开发模式的典型案例

名称	项目占地面积/hm²	总建筑面积/hm²	容积率	上盖功能配比	示意图	备注
武汉常青花园车辆段	41.10	73.80	1.80	87.7% 住宅、12.3% 公建配套		规划以住宅为主,兼有商业部分,同时有幼儿园、社会服务等小区配套公共建筑
重庆童家院子车辆段	28	83	2.90	55.4% 住宅、42.8% 商业办公、1.8% 公建配套		重庆首个轨道车辆段上盖物业的商业项目
无锡雪浪停车场	16	46	2.86	60.6% 住宅、24.2% 商业办公、15.2% 公建配套		综合住宅区项目,定位为集地铁、住宅、商业、办公、公寓于一体的大型综合型地铁上盖物业
兰州东岗车辆段	8.31	20.80	2.50	77.9% 住宅、22.1% 商业办公		一座集办公、住宅、购物中心、国际酒店、商业步行街和SOHO公寓为一体的城市综合体
无锡具区车辆段(22年竣工)	40.62	89.80	2.20	—		依据站场条件,形成场站盖上低密度,盖下白地相对高密度的基本布局
宁波东钱湖车辆段	31.50	40	1.30	—		是目前宁波轨道交通在建线路中规模、体量最大的车辆段

续表

名称	项目占地面积/hm²	总建筑面积/hm²	容积率	上盖功能配比	示意图	备注
宁波天童庄车辆段	33.70	81.60	2.40	—		"白地+上盖"开发模式
杭州仓前车辆段	97.50	120	1.23	—		项目打造"全生命照护社区"规划环湖形成社区生活绿色核心，环湖布置商业服务环及健康休闲环
杭州五常车辆段（22年交房）	121	134.20	1.12	住宅73.0% 商业办公17.2% 公建配套9.8%		涵盖了住宅、产业办公、商业、文化中心、体育中心等复合业态，致力于打造先进的"27小时社区"
杭州仁和车辆段	37.82	31.80	0.84	住宅66.8% 商业16.6% 其他16.6%		规划有住宅、商业、公建服务、教育等功能，并配有公园绿地
温州汀田地铁车辆基地	35.58	66.50	1.87	住宅78.4% 商业12.0% 教育8.3% 物业服务1.3%		物业开发建筑采用棋盘式布局，盖上局部进行抬高一层，利用高差，合理布置商业配套用房、设备用房、物管用房、小区活动用房及车库

6）香港

香港是我国第二个开通地铁的城市，截至 2019 年，香港地铁全长 264km，开通历程居全国前十，世界前二十。香港地铁有 11 条线路、169 座车站。20 世纪 80 年代初期，由于香港城市用地面积紧缺，港铁公司利用轨道范围占有的土地进行上盖物业的开发，即是地铁上盖物业概念的来源。90 年代香港上盖物业开发发展为集商业、酒店、高端办公为一体的综合性开发模式，是其发展的快速时期。2000 年香港地铁上盖物业发展已经形成较为成熟的市场环境，2012 年建成的 ICC 环球贸易中心成为地铁上盖开发利益最大化的代表，极大地促进了地铁物业的发展[44]（表 1-13）。

表 1-13　香港开发案例汇总

名称	上盖占地面积 / hm²	总建筑面积 / hm²	容积率	上盖功能配比	示意图	备注
荃湾车辆基地	6.60	24	3.60	住宅 85.3%，商业 8.7%，康乐商业 6.0%		港铁公司发展及管理的第二个车辆段上盖物业开发项目，其为全上盖物业开发
将军澳车辆段	34.80	165.30	4.80	住宅 97.7%，酒店商场 2.3%		港铁公司发展及管理的首个大型车辆段综合开发项目，分为上盖物业开发和白地开发两部分
九龙湾车辆基地	10.50	49.24	4.90	住宅 82.7%，商业办公 17.3%		香港地铁系统首个兴建的车辆段，车辆段咽喉区敞开，没有进行物业开发

名称	上盖占地面积 / hm²	总建筑面积 / hm²	容积率	上盖功能配比	示意图	备注
柴湾车辆基地	6.70	50	—	2.7%　5.1%　92.2%　住宅　商业办公　公建配套		物业上盖开发部分位于车辆段停车检修库上方，白地开发布置高层住宅
何东楼车辆段	—	—	—	2.1%　4.9%　93.0%　住宅　商业　公共配套		港铁公司联合不同开发商分期进行物业开发的首个案例

1.4.3　研究现状综述

由于各国国情的不同，国外在车辆基地上盖物业开发设计方面的研究相对较少。其城市轨道的建设发展已经十分成熟，城市轨道沿线土地开发与利用方面的经验也相对丰富。发达国家建设城市轨道时间较早，技术条件却无法进行车辆基地上盖的建设。目前发达国家会进行部分车辆基地上盖开发为休憩公园等，因此在上盖物业开发方面存在经验及研究方面的不足，我国地铁车辆基地上盖物业开发受外国影响较小。

国内地铁车辆基地上盖物业开发模式受我国香港"地铁＋物业"开发模式的启发，经过 20 多年的发展，已经拥有数量较多的地铁车辆基地上盖物业开发的案例和研究成果。在智慧城市作为城市可持续发展战略的背景下，目前还没有将智慧、绿色、数字等理念融入地铁车辆基地上盖开发中，形成智慧上盖开发模式。本书则是将地铁车辆基地上盖开发加入智慧城市理念，形成第四代地铁车辆基地上盖开发，从立体城市、绿色建筑、技术安全及数字化运营四大方面对地铁车辆基地上盖设计开发进行深入探索，为现代化的轨道交通沿线土地综合开发、建设提供理念创新与经验借鉴。

1.5 研究内容与方法

1.5.1 研究内容

第1章导论主要介绍了轨道交通、智慧城市的发展背景、研究目的与意义，通过对研究内容相关概念的界定、国内外研究现状和案例的整理，明确第四代地铁车辆基地上盖开发的概念与研究范围，提出本书研究的主要问题，并梳理研究框架。

第2章通过阐述地铁车辆基地上盖开发设计的发展历程，分析其功能配置、结构变化、开发技术、开发模式等，总结指出地铁车辆基地上盖开发的症结痛点是城市割裂、孤岛效应、建管脱节，从而展望性地提出了第四代地铁车辆基地上盖物业的开发与建设的设计原则，并预测了智慧上盖是未来的发展趋势。

第3~6章为本文的核心章节，分别从立体上盖、生态上盖、安全上盖、数字上盖四个方面进行分析策略方法。立体上盖总结在上盖立体空间上处理地铁车辆基地各个基面之间的关系，达到空间、流线、形态上的整合；生态上盖解决在基地高差影响下产生的景观环境无法贯通问题，运用绿色技术使盖上品质提升；安全上盖方向主要结合结构技术、综合防灾技术与减声降噪技术提升盖上功能合理配置与百姓的生活质量；数字上盖方向结合地铁车辆基地上盖设计开发时序、运营管理、数据技术和大数据共享等，能够提升物业服务，并积累数据以作为未来地铁车辆基地上盖设计开发研究的数据支撑（图1-17）。

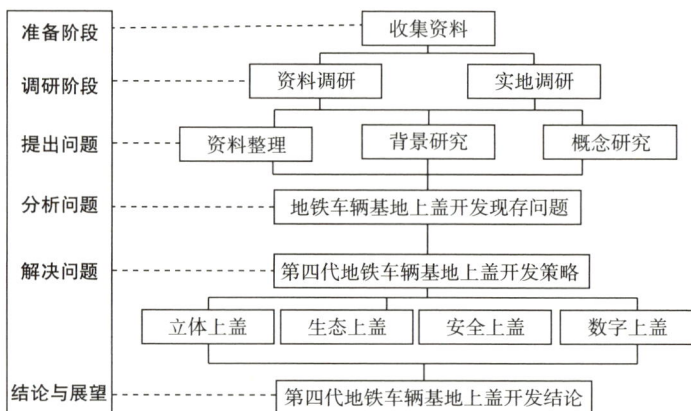

图 1-17 研究框架示意图

1.5.2　研究方法

1. 文献研究法

整理国内外专家学者有关智慧城市、地铁车辆基地上盖开发的研究专著、期刊与报告，对相关文献进行大量阅读与总结分析，对于具有借鉴意义的地铁车辆基地上盖开发、智慧城市以及涉及其他学科的相关文献进行引申研究，提炼出研究大纲。

2. 现状调研法

对智慧城市试点城市南京、无锡、扬州等进行调研，直观感受智慧城市发展所带来的智能性和便捷性。对北京现有已建成的地铁车辆基地上盖开发，包括四惠车辆基地、郭公庄车辆基地、五路车辆基地进行实地调研；到广州越秀轨交公司进行实习，深入了解和认识地铁车辆基地上盖开发，并进行资料收集。

3. 系统分析法

对地铁车辆基地上盖开发案例进行研究，分析总结出在实用、美观、技术上的设计不足，并提出第四代地铁车辆基地上盖开发模式和创新性设计策略。对智慧上盖体系进行系统地阐述、对其中的设计要点、创新内容进行深入分析。

4. 理论研究法

对智慧城市、地铁车辆基地上盖开发设计相关理论、第四代地铁车辆基地上盖提出的相关概念进行研究，将已有的地铁车辆基地上盖开发案例和其他学科专业知识案例作为参考，为能够科学合理地探讨第四代地铁车辆基地上盖设计提供正确的理论指导。

5. 多学科交叉研究法

本论文系统阐述了第四代地铁车辆基地上盖的开发模式和创新设计策略，创新设计策略中试图结合交通规划学、生态学、信息控制等相关学科来共同探讨，符合本书的研究目的，将智慧城市理念运用到地铁车辆基地上盖发展，提出创新性第四代地铁车辆基地上盖设计体系。

6. 图表分析法

在研究表达过程中，利用图表直观、清晰、明确的表达特点，从背景介绍到设计策略大量采用图表分析法，更直接地说明问题，支撑内容的表达，与文字形成互为说明的状态。

7. 类型学方法

借助 TGIS 软件对所搜集的国内外资料进行共时性横向比较与历时性纵向比较等方法，共时性应用于同一时期不同地铁车辆基地综合体的比较研究；历时性应用在对典型地铁车辆基地综合体的形成与发展过程的长时段研究，以确定其类型特征。

8. 成本效益法

借助成本效益法分析地铁车辆基地综合体的经济效益、社会效益、技术指标，构建基于成本效益法的地铁车辆基地综合体适用性评价体系。

9. 空间句法

利用空间句法软件 Depthmap 对功能组织、流线分区、节点设计等，采用空间句法参数分析，用空间句法的不同参数进行表达与评价其设计的合理性。

10. 利用现场测试、数据采集

借助仿真模拟软件分析地铁车辆基地综合体的防噪、抗震、等技术化指标，构建性能化评价体系。

1.5.3　技术路线

本书按照"准备阶段—调研阶段—提出问题—分析问题—解决问题—结论与展望"的技术路线展开研究（图 1-18）。

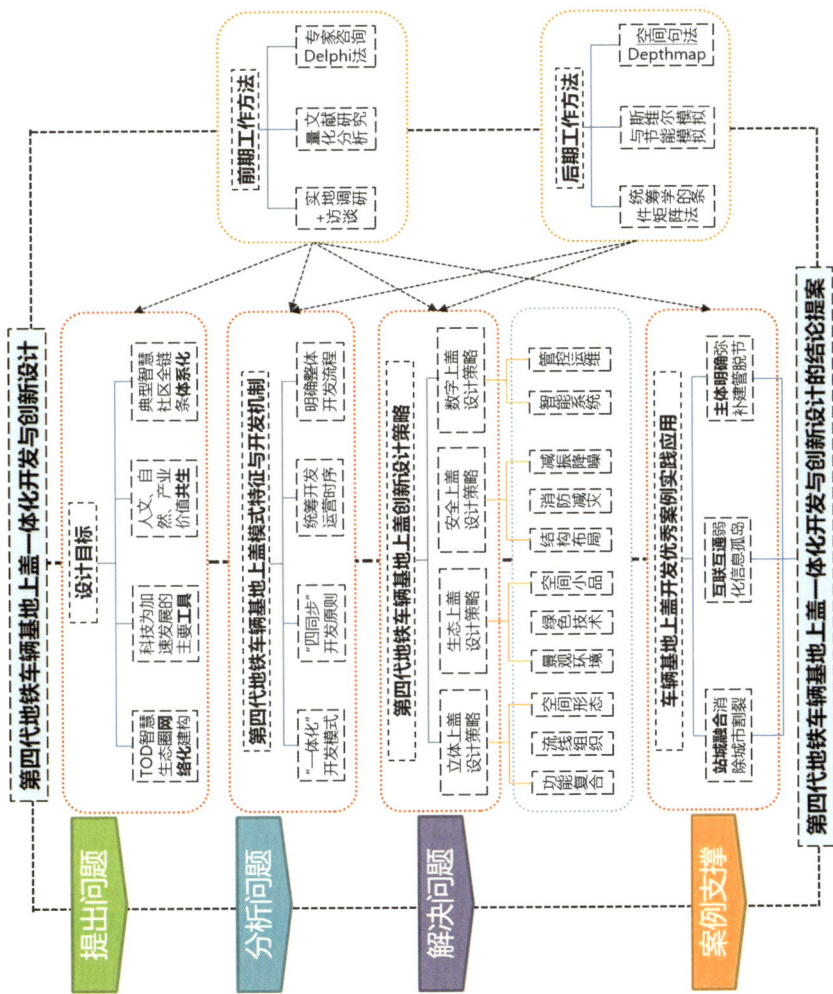

图 1-18 技术路线图

第 2 章

第四代地铁车辆基地上盖模式特征与开发机制

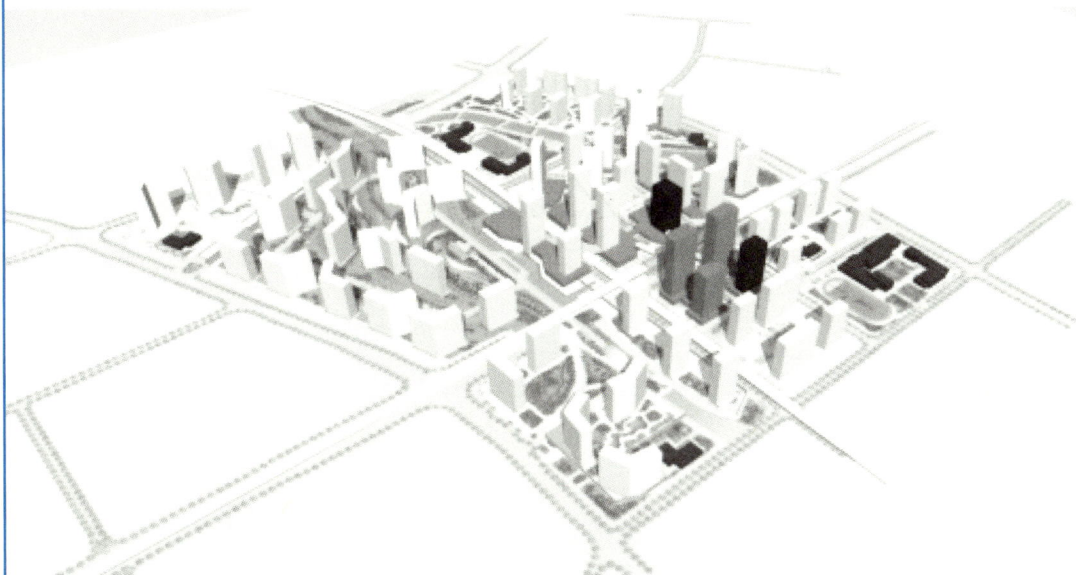

2.1 上盖开发模式与段代划分

2.1.1 上盖开发设计模式分类

国内现阶段对上盖开发的车辆基地的分类方法是按车辆基地主要功能建筑与周边场地的竖向空间关系来划分，可分为地下下沉模式、地面平台模式、地上高架模式。车辆基地不同类型形态对于上盖开发有着不同影响，三种模式各有优缺点，综合经济、技术、施工等多方面考虑，目前国内常用的是地面平台模式（表2-1）。

表 2-1   上盖开发建筑模式对比分析

类型	地下下沉模式	地面平台模式	地上高架模式
示意图			
优点	提高土地使用率，不影响城市原有面貌，物业开发经济效益高	运营建设成本低，提升土地使用率	缓解地形带来的影响，提高土地的使用率，物业开发能产生经济效益
缺点	建设成本大幅度增加，运营条件恶劣，调度管理安排难度大	对原有城市风貌影响较大，上盖物业与周边有较大高差	对原有城市面貌影响小，运营成本增加较多，调度管理安排难度增加
适用条件	土地资源紧张、土地价格高的地段	土地较为紧张、土地价值较高的地段	受地形影响必须设高架车辆段的、土地价格较高的地段

本书研究对象主要以地面平台模式的地铁车辆基地上盖开发为主：一是其他两种模式我国建设案例较少，目前进行上盖开发的下沉模式与高架模式车辆基地只有北京焦化厂车辆基地与南京南延线车辆基地这两个案例，而平台模式开发量巨大，适用范围更广；二是地上高架模式上盖开发与地面平台模式具有相似性，而地下下沉

模式则与正常地上地下一体化开发差异性较小，所以地面平台模式的开发设计特征与策略具有普适性和代表性。

1. 地下下沉模式

1）模式特征

地下下沉模式上盖物业开发，车辆基地运用库等厂房设施设置在地下，结构转换设备层在其上叠置，物业开发的平台与城市地坪无高差，这使车辆基地巨大的体量被隐藏，上盖物业空间形态设计受到的制约较小，对周边城市区域的景观、交通、城市肌理等影响降到最小，保留了原有城市空间尺度与脉络，与城市形态保持完整性（图 2-1）。

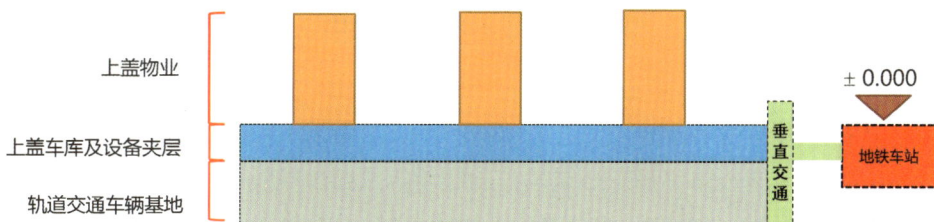

图 2-1　地下下沉模式车辆基地典型开发模式示意图

地下模式对于施工技术要求高、建设周期长，对建设用地地质要求严格，建设成本几乎是地面模式 2 倍。因大部分车辆基地功能空间位于地下，车辆段的自然通风、采光、消防疏散、防灾应急等条件受到限制，使后期运营成本与难度同时增大。考虑其优缺点都比较突出，一般运用于城市核心区域的地铁车辆基地的综合开发或者是因城市扩展而进入城市核心区域的车辆段的改造建设。新加坡和日本多运用此种车辆基地模式，但由于环评的差异，上盖大规模开发并不多见。北京焦化厂车辆基地是我国第一个采用此模式进行上盖开发的车辆基地。

2）案例——北京焦化厂车辆段一体化开发

（1）基本情况

地铁 7 号线终点站及车辆段所在焦化厂区域，是北京垡头科技商务区重要的空间主轴。根据北京市规划委员会编制的《北京焦化厂工业遗址保护与开发利用规划》和近期部分用地规划调整情况，规划用地面积约 140hm²，分为三个区域：北京焦化厂车辆段及周边开发区域 50hm²、工业旧址园区域 54hm²、保障房区域 36hm²。

焦化厂车辆段呈西北—东南方向布置，总建筑面积 23hm²，车辆段用地全长1.3km，最宽处宽 281m，覆土厚度 0.7~1m，地下建筑面积 17.9hm²，其停车列检库、月修库、定修库均位于地下，而配套建筑基本位于地上，是北京地铁现今规模最大的综合车辆段。车辆基地上盖高度达 80m 商业办公建筑，车辆段西北侧咽喉区上方地面区域设计为周边居民休闲的绿地公园，并在中间预留天窗，在整个用地西部规划约 15hm² 进行落地开发，规划建筑面积 79hm²（图 2-2）。

图 2-2　焦化厂车辆段鸟瞰图
来源：http://www.bmedi.cn/images/qydt/qyyw/2014/12/30

（2）开发特点

考虑到焦化厂工业遗址保护和周边区域整体开发的双重因素，7 号线焦化厂车辆段被设计为地下车辆段，其占地面积 14hm²，停车库里总共将铺设 24 条轨道，可以停放 48 列列车。上部进行上盖和落地区域的综合开发、道路建设和园林绿化等，覆土厚度 0.7~1m，其底板最厚区域达到 2.7m，为地面 80m 高楼预留坚实基础。此车辆基地与其上部开发物业和周边用地进行了同步设计、同步施工、无缝连接，形成大区域的一体化综合开发。焦化厂车辆段在地下水平方向贴邻地下车库并各自独立，上盖开发部分因为柱网尺寸限制，其功能空间布置为规整的多层办公及大面积停车场等开敞形态为主，主要开发区域为咽喉区两侧的落地开发区域，进行商业及办公综合体的开发（图 2-3）。

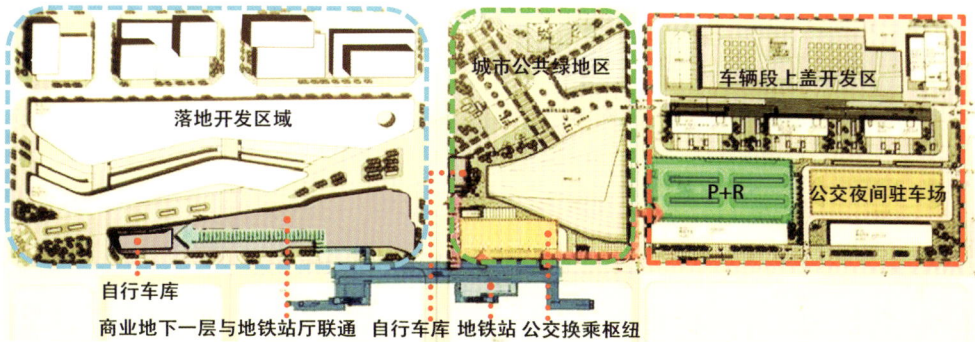

图 2-3　北京焦化厂车辆基地开发区域示意图

焦化厂车辆基地上盖综合开发与区域中焦化厂工业旧址公园的保护与利用,将综合商务功能、创意办公功能、文化体验功能和都市生活功能等融合,构建区域级的开发整体,成为北京东四环外新的城市区域中心,同时增强区域影响力和产业辐射力,将其建设成为将轨道交通功能与周边多种功能融为一体的以轨道交通为中心并辐射周边相邻地块的城市综合功能区域,使区域土地价值和城市区域开发品质得到明显提升,成为带动区域发展的增长核心[45]。

2. 地面平台模式

1)模式特征

地面平台模式即地铁车辆基地直接坐落于地坪层,基地内的停车列检库、架修库等功能用房顶部经过结构转换形成可供开发的大平台,上盖物业开发在此平台上完成(图 2-4)。

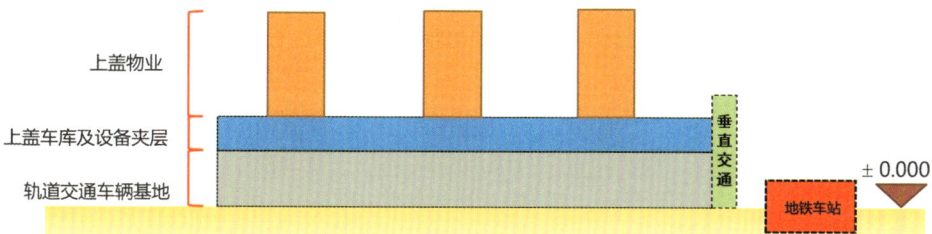

图 2-4　地面平台模式车辆基地典型开发模式

地面平台模式为我国车辆基地上盖开发的主要模式,其运用最为广泛,在已建成和正在建设的综合开发车辆基地中数量占据九成以上,为我国车辆基地综合开发主要的开发目标。地面平台模式车辆基地适用于土地较为紧张、土地价值较高地段,其上盖物业与盖下功能区分区明确，开发成本经济，但对于城市交通、景观、风貌、尺度等都有巨大影响，上盖物业距离地坪有 9~15m 高差，在我国综合开发车辆基地各模式中最具有代表性与研究意义。

2）案例分析——北京郭公庄车辆基地一体化开发

（1）基本情况

2007—2008 年前后启动的北京地铁 9 号线郭公庄车辆段上盖物业综合开发是北京在上 20 世纪 90 年代四惠车辆段综合开发之后的第一次尝试，总结吸取了北京四惠车辆段开发的经验和教训，在实施模式、出让方式、规划设计和工程技术等方面都有了较大的改善与进步，也是北京市第一个通过土地公开市场，经过"招、拍、挂"方式交易的车辆段综合利用项目，对后续的车辆段上盖开发项目起到一定程度示范推动作用。郭公庄车辆段用地约 23.32hm²，东西长约 913m；南北宽约 258m，呈长方形。地上规划总建筑面积约 63.25hm²，由于盖上与盖下的开发土地的属性与其基本功能的不同，将基本开发设计界面分为上盖居住物业开发部分与车辆基地基本功能用房。商品房建筑面积约 29.2hm²，其中住宅 17.1hm²，商业综合 9.8hm²，地上车库 2.25hm²；非出让建筑面积 33.71hm²，其中包括公租房 25hm²，车辆段 8.35hm²，以及一座 3600m² 的幼儿园（图 2-5）[46]。

图 2-5　北京郭公庄车辆基地综合开发总平面图

（2）开发特点

因前期对规划设计研究不足与提前 1 年通车等客观原因，使得该项目仍有许多问题：整体综合开发项目被地铁车辆基地设施切分成了 5 个相对独立的地块，相互之间缺乏联系；除了上盖开发区域外，其他落地开发区域与地铁和城市公共交通联系不紧密，没有覆盖到整个开发区域；咽喉区没有进行必要的结构覆盖，震动、噪声等对上盖居住区影响较大，使环境评估无法通过，不得不在地铁通车后重新覆盖咽喉区；权属划分不够明确，项目用地性质整体为 U21（市政设施混合用地），没有与经营性性质的上盖建筑划定明确界限，使相关部门在办理上盖地块的二级开发证件时遇到了较大的障碍，使开发整体流程不能顺利展开。郭公庄车辆基地综合开发为北京及全国上盖开发项目积累了经验，其上盖西华府项目已经建成并开发销售，总体仍然是一次成功的开发建设（图 2-6）[47]。

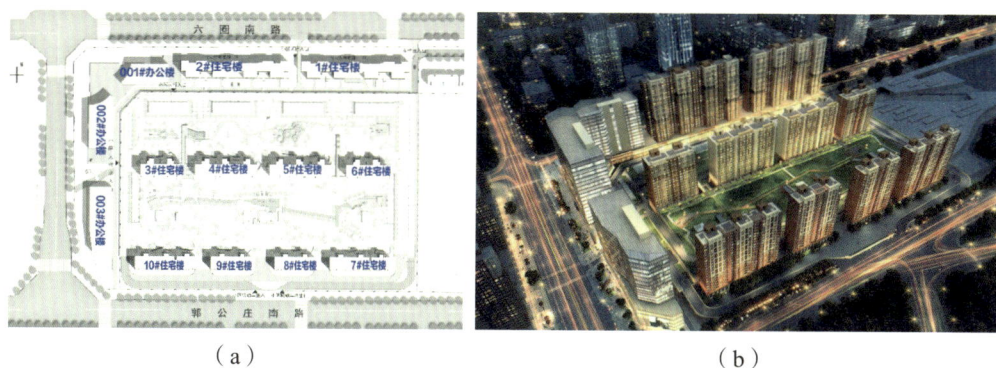

图 2-6　北京郭公庄车辆基地上盖开发示意图
（a）平面图；（b）鸟瞰图
来源：北京城建设计研究总院

3. 地上高架模式

1）模式特征

地上高架模式一般是因轨道交通车辆进入车辆基地内的轨道坡度有一定要求，往往是高架轨道线路其轨道引坡长度过长，影响区域面积过大，所以需要选择地势相对较低区域，抬高、架空车辆基地，满足车辆正线轨顶标高与车辆基地运用库内部标高基本相同的要求。因此，此种模式的下部与上盖空间都可以进行开发，下部空间利用沿街界面的人流可达优势可布置商业设施，非沿街面或内部可设置生活相关配套设施，而上部则可建设办公、公寓、住宅等建筑（图 2-7）。相邻地铁高架站点为车辆基地物业提供了开发动力，提升了区域整体物业的商业价值同时提供了便捷的交通，而车辆基地的盖下商业、上盖居住等物业形态也为其临近地铁站点带来稳定的交通流量，两者的相互影响实现了车辆基地综合开发与轨道交通的互馈系统，双方都能够在区域整体开发中获得价值提升[48]。

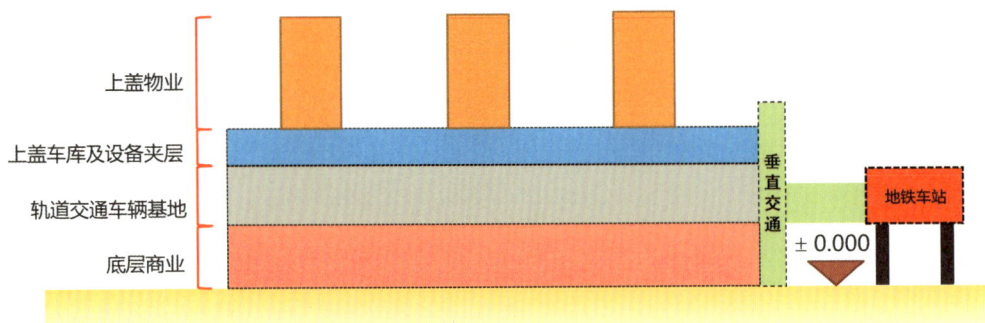

图 2-7　地上高架模式车辆基地典型开发模式示意图

此种车辆基地开发模式避免了对城市交通的不利影响，车辆基地内部自然通风、采光得到保证，其整体开发可形成完整的城市综合体，有巨大的地标效应。但此种模式受到地形影响较多，车辆基地被抬高使得上盖建筑高度受限，一般开发多层住宅，且出于城市设计层面的考虑，此种模式多选择较小的停车场进行开发，减少成本投入，保证对周边城市区域的整体界面影响较小。此模式优势虽然明显但受限制较多，国内目前为止只有南京南延线停车场采取此种开发模式。

2）案例——南京南延线车辆段一体化开发

（1）基本情况

南京大学城车辆段综合开发分为三层，是一个集商业、居住、交通功能的综合体：一、三层为车辆基地商业开发，层高分别为 5.4m 与 5.7m，以超市、商店等便民服务设施为主，可以满足周边和上盖居住区居民的商业需求；二层是南延线停车场，层高 8.4m，满足基本的停车列检功能，其咽喉区进行了一定的软性上盖处理，保证上盖居住区免受行车噪声的影响；三层以上为居住主导型物业开发，通过抗震节点使得居住建筑与上盖停车场进行分离，并采用底层架空，保证上盖居住停车位的数量。其总体占地 13.8hm²，整体建筑的一、三层的地铁商业不仅能满足业主的日常需求，而且还将给周边楼盘带来商业配套，上盖小区设计经过竖向交通优化，可与 1号线南延线中国药科大学站进行无缝对接，可从小区内无风雨地直接进入站台候车，在咽喉区下部地面部分还与周边城市道路联系布置了"P+R"停车场、公交枢纽等交通功能，使其成为综合性交通枢纽，地铁站与其他公共交通换乘距离小于 150m，保证了其周边城市交通空间的连续性（图 2-8）[49]。

（a）　　　　　　　　　　　　　（b）

图 2-8　南延线车辆段开发示意图

（a）中国医药大学站与南延线车辆段接驳；（b）南延线车辆段综合开发实体模型

南京南延线车辆段综合开发分为 A、B 地块。A 地块为车辆基地上盖开发部分，建筑用地面积 17570.2m²，总建筑面积 52698.67m²，其中住宅面积 52007.3m²，其他为配套设施，全部开发为 24m 以下的多层中高端住宅，底层架空以避免车辆基地运用库内的噪声、振动等不利影响，并且作为停车、休闲区域；B 地块为车辆基地落地开发区域，建设用地面积 28657.6m²，总建筑面积 76831.86m²，地上建筑面积 55390.69m²，其中住宅面积 51544.9m²，其他为小区丰富的配套设施，一共有四栋建筑高度 55.2m 的高层住宅。两个地块的开发类型形成异地搭配与互补，并且较高端的住宅安排在车辆基地上盖开发，与其他地区多建设保障房的基本建设方向有很大差异（图 2-9）。

（2）开发特点

南京南延线车辆段的综合开发是以居住部分面积占据主导，配置是底层的中小型商业设施，其最大开发特点是将车辆基地抬高，整合三个标高的商业、居住、交通功能，成为一个真正意义上的多功能综合体。上盖居住部分开发是通过车辆基地一次开发之后，预留结构等开发条件，经过"招、拍、挂"流程，进行的二次开发，基本满足初始开发构想，开发设计为中、高端住宅项目；中间的功能层与上层居住和下层商业都有结构转换层分隔，并进行防火处理，使得 3 个区域在防火防灾方面进行完全分隔，有各自防火分区；底部商业和社区功能部分能够对外营业与服务，并且车辆基地的运用库与检修库在空间上分隔形成两个体量，在底层之间形成一条内部商业属性街道，上盖使用架空平台进行联系。南京南延线车辆基地功能整合多样、空间变化丰富，有自己的开发特点，是比较成功的上盖居住开发项目（图 2-10）。

图 2-9　南京南延线车辆段居住开发设计
来源：南京长江都市建筑设计股份有限公司

图 2-10　南京南延线车辆段居住开发鸟瞰图
来源：南京长江都市建筑设计股份有限公司

2.1.2　上盖开发段代划分

我国大中型城市为了缓解由于过度建设和土地扩张带来的城市土地资源紧缺、利用率低的现状，大力提倡"站城一体化"集聚式开发作为主导开发模式。其中，地铁车辆基地上盖开发是这一模式中最为高效、对城市土地反哺最有利的开发类型。自 1994 年北京四惠车辆基地开发至 2019 年北京榆树庄车辆基地开发的 25 年中，地铁车辆基地从整体规划到结构施工至使用回馈的经验增加，使得地铁车辆基地的开发建设不断完善，发现问题、解决问题，进而在策略更新和施工建设上推演出四个段代类型的车辆基地上盖开发模式（图 2-11）。

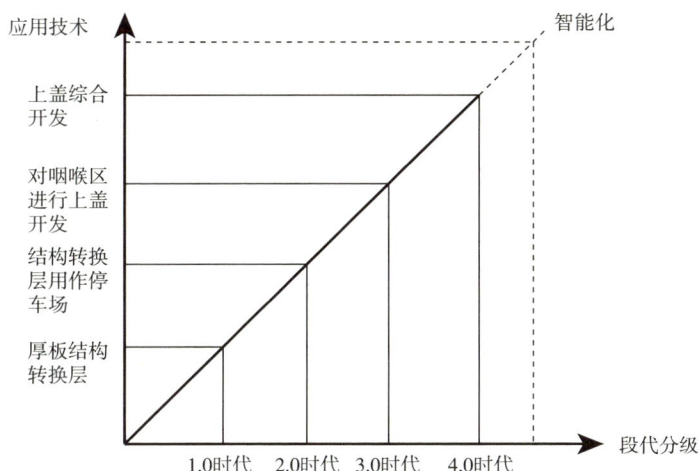

图 2-11　地铁车辆基地段代划分

我国地铁车辆基地一体化开发按照建设年代、结构转换方式更新、上盖项目功能复合程度等标准可以分为以下四个阶段：① 1.0 时代，预应力万能平台阶段；② 2.0 时代，结构转换层阶段；③ 3.0 时代，咽喉区上盖利用阶段；④ 4.0 时代，车辆基地上盖混合开发阶段。我国早期的地铁车辆基地一体化项目虽然也采用了结构转换层的做法，利用结构转换层设置停车场，将地面层、停车层、物业层各层竖向分割、相对独立，但功能与空间层次感仍较为单一。而到 4.0 时代，其上盖开发趋向功能立体复合，将住宅、办公、娱乐、商业、教育、体育设施、公园等功能复合叠加。与之前其他一体化开发项目相比，前海湾上盖综合体项目有两点不同：①它的上盖建筑功能空间不再单一；②它将城市道路直接引入场地，周边道路桃园路与学府路在场地中经过，通过引桥将"0m"标高层与"9m"标高层连接起来（表 2-2）。

表2-2　地铁车辆基地上盖发展历程

分类	1.0时代	2.0时代	3.0时代	4.0时代
特征	预应力万能平台阶段	结构转换层混合利用阶段	全功能立体开发阶段	第四代地铁车辆基地上盖综合开发阶段
配套功能	住宅+设备夹层	住宅+停车（设备夹层）+落地商业	住宅+停车+景观+配套商业	住宅+停车+景观+配套商业+养老+幼儿园+主题公园等
空间形态	基地与城市道路由两个大坡道衔接，流线不通畅，体量庞大，影响城市空间及天际线	9m、15m标高；基地外人行天桥连接；南侧住宅与运用库贴建，配套城市空间服务半径短	结构转换层多样设计，停车空间和半地下小型社区商业	上盖物业下沉广场至结构转换层，多基面空间协同开发；界面公园化处理；上盖公服设施齐全；不同基面采用城市空间进行分流
技术应用	预应力万能平台；住宅为多层住宅；开发成本高；隔声减振不好	结构转换层停车场；住宅为小高层；住宅剪力墙落地	喇叭区开发利用布置景观环境以及小型办公楼	上盖全功能开发利用；运用绿色节能技术；物业端智能管控及运维
与城市空间关系	形成割裂的孤岛；上盖物业无景观；城市自然环境断裂	9m标高与市政道路引桥衔接；地铁站通过天桥连接，地块分割成上盖和落地区等5个独立的区域，少量实现上盖住宅	9m标高与地铁站、配套商业无高差平层；上盖住宅与地铁站接驳便捷	9m标高与城市周边市政道路无高差平层，车流可达上盖物业层，基地边缘横截面采用景观处理，融合周边景观环境
剖面简图				
案例	四惠车辆基地	郭公庄车辆基地	五路车辆基地	深圳前海湾车辆基地，北京榆树庄车辆基地

1. 1.0 时代预应力万能平台阶段

我国最早开发地铁车辆基地上盖时间始于 20 世纪 90 年代，被称为地铁车辆基地上盖开发 1.0 时代，以四惠地铁车辆基地为代表。由于我国是初步探索上盖开发项目，在结构上采用预应力平台设计方式。预应力平台是指在车辆基地上方采用预应力钢筋混凝土建造的厚板构筑一个平台（图 2-12）。这种做法的缺点是在结构设计比较保守，大幅增加了盖板的配筋和板厚，造价飙升；且由于盖板刚度较大，缺少减振降噪的处理，造成上盖社区的振动困扰[50]。

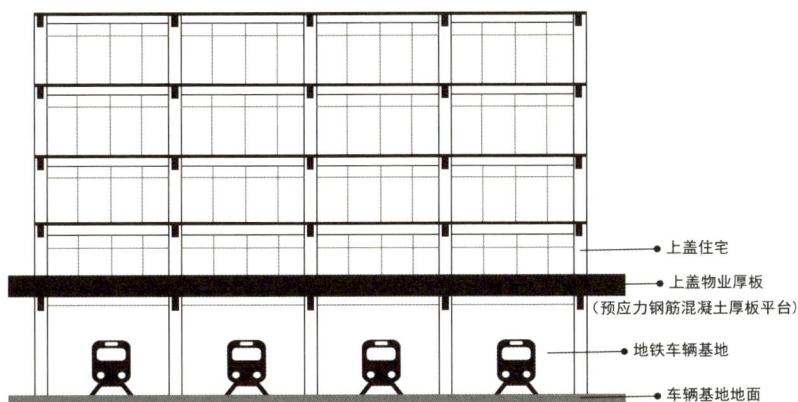

上盖住宅

上盖物业厚板
（预应力钢筋混凝土厚板平台）

地铁车辆基地

车辆基地地面

图 2-12　预应力万能平台

作为 1.0 时代代表的北京四惠车辆基地一体化开发是国内城市轨道交通与住宅建设有机结合的第一次尝试。项目建成于 1999 年，总占地面积 34hm^2，建筑规模 120hm^2。综合体纵向分为三个层次：一层为车辆基地库房层，二层为预应力平台，三层为居住小区建筑。由于其设计之初时间紧、经验不足、技术水平有局限等因素，在功能配套上设计不完善，仅存在住宅和设备夹层，缺少景观环境设计；盖上盖下仅通过两条坡道进行衔接，庞大的基地体量阻断了城市空间的界限，割裂了城市空间界限；技术上存在市政管线布置混乱和减振降噪效果不佳等问题，而且由于采用保守的"预应力平台"设计，导致成本剧增，造成不必要的浪费。四惠车辆基地虽然遗留了若干问题，但其开创了车辆基地综合开发的先河，具有划时代的意义。

2. 2.0 时代结构转换层混合利用阶段

结构转换层是在车辆基地盖上盖下的中间夹层，一般在一次开发（车辆基地开发）时在夹层预留结构条件和插口，二次开发（上盖物业开发）上盖建筑结构经过转换可部分落地。结构转换层内部空间也可结合设备管线、汽车停车库混合利用。

2011 年 9 月完成的北京郭公庄车辆基地是 2.0 时代的代表，项目在地铁运用库上盖设置了结构转换层，并对转换夹层进行了混合利用，兼具结构转换、设备夹层以及停车等功能，这是 2.0 时代相比于 1.0 时代的最大进步。但由于该项目在开发前期对投资模式和规划设计研究不足，导致规划设计时整个项目被切割成五个区域，各自独立，彼此间没有形成有机联系；该项目虽然考虑了地铁正线的绕行，减小地铁行进速度对上盖的干扰，但由于地铁站点设置离上盖开发区域较远，缺乏交通换乘空间，导致其交通可达性不佳；项目对上盖开发规模预测比较保守，仅开发南北三排住宅楼，其中只有中间一排是真正意义上的运用库的盖上开发，其余部分均建在落地区，地铁咽喉区上盖未能利用，上盖缺乏商业便民设施，居民孤岛效应凸显（图 2-13）。

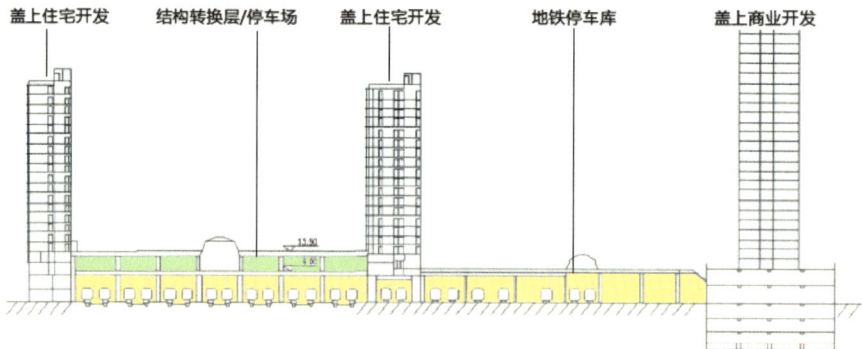

图 2-13　郭公庄车辆基地一体化开发项目剖面示意图

3. 3.0 时代全功能立体开发阶段

为了使地铁车辆基地上盖开发利用率得到提升，在地铁车辆基地 3.0 时代进行上盖全功能的立体开发。由于基地内咽喉区处结构复杂，前两代车辆基地一体化项目未对其进行开发利用，也缺少相应的减振降噪技术。那么 3.0 时代开启了全上盖利用阶段，尤其在咽喉区部分建设绿化或小型社区商业办公项目，既能增加上盖社区的景观延展和便民设施，也能够弱化由于大体量上盖开发对城市界面的割裂。

北京地铁 10 号线二期五路停车场一体化开发是 3.0 时代的代表案例，项目规模虽小，但对车辆段进行了全上盖开发，利用车辆段咽喉区上盖建设了景观公园和办公配套设施，此举不但增加了土地利用效率，而且减弱了咽喉区的噪声对其他区域的干扰。该项目上盖建筑为改善型小高层住宅，户型较大，在设计中突破性解决了大跨度住宅竖向结构的转化问题。与前两代项目相比，项目还在盖上采用大量太阳能收集器解决盖下地铁运用库等库房的采光；景观方面，上盖采用 1.8m 厚的覆土层，种植不同种类、不同花期、不同颜色、不同高度的植被，提升上盖空间的景观效果。五路停车场一体化开发项目在投资模式方面还有以下优点：投资主体明晰、界面区分明确、成本分摊方式合理、土地性质和权属划分清晰（图 2-14）。

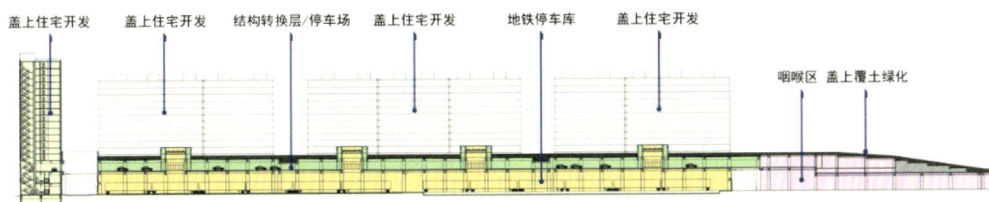

图 2-14　五路车辆基地一体化开发项目剖面示意图

4. 4.0 时代智慧上盖综合开发阶段

在"站城一体化"开发模式下，地铁车辆基地上盖开发模式被普及，经过 20 年的迭代演变发展，车辆基地上盖开发进入 4.0 时代。从功能配套上更加综合化，全盖立体开发、功能交混，形成集办公、商业、居住、酒店、公寓、休闲娱乐等多元功能的综合体；从空间形态上更加融合化，通过绿化、退台、隔离等手段将界面消隐，衔接城市周边不同功能；从流线设计上利用市政道路的与车辆基地"9m 标高"无高差平接，地铁站与上盖平台物业通过步行天桥无缝连接。该阶段最大的特征是建立与周边市政道路"下穿上跨"的联系，"下穿"保证了车辆快速穿过，去化割裂；"上跨"则提升了与车辆基地上盖车库层基面的平接（图 2-15）。

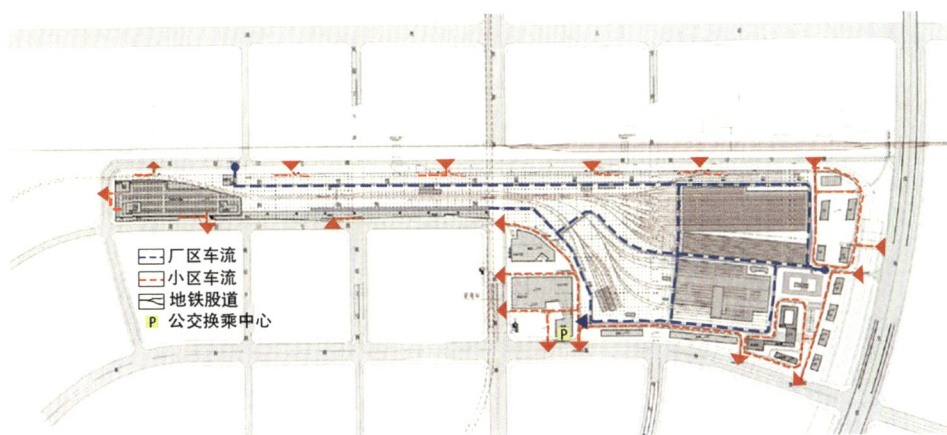

图 2-15　深圳前海湾车辆基地市政道路"下穿上跨"示意图

深圳前海湾车辆基地综合开发项目、北京榆树庄车辆基地开发项目、广州市水西车辆基地开发项目、广州市陈头岗车辆基地开发项目、广州市萝岗车辆基地开发项目都是 4.0 时代的代表，其共同特征是设计通过城市功能、交通组织、形态融合消除城市割裂现象；盖上盖下的有效衔接和城市空间的相互融合打破了上盖居民的孤岛效应；权属的明确划分、智能技术的全流程应用、公共生活质量的保障使开发建设公司之间的协同配合效率提升，加快投入使用时间，高效率高质量完成项目开发（图 2-16）。

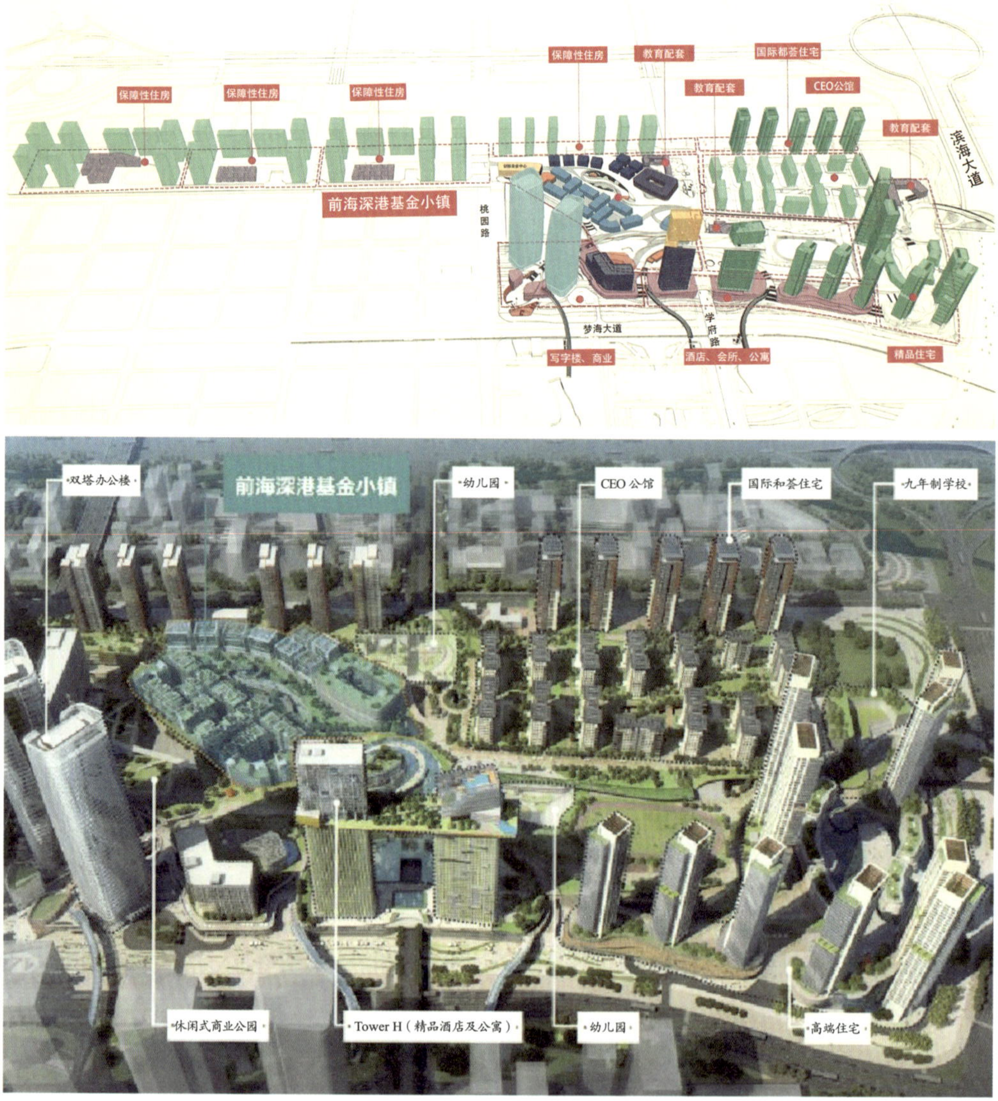

图 2-16　深圳前海湾车辆基地全盖立体开发示意图

2.2　车辆基地上盖开发机制

2.2.1　前置设计条件与工作方法

1. 前置设计条件

1）坚持"一体化"设计模式

目前我国地铁车辆基地上盖开发主要有两种模式：①车辆基地在建设之前进行项目研究时就确定上盖物业开发，上盖物业与盖下厂房同时进行一体化的规划、设计、建设等；②在建设车辆基地时，虽然已经确定进行上盖物业开发，但是开发方案没有确定，盖下车辆基地作为一级开发需要预留上盖开发的结构等相关接口，以后根据基本情况对上盖开发区域进行"招、拍、挂"之后进行二级开发，然后再根据设计时的预留条件进行相应的方案设计。

在实践中，我国目前多采用预留开发的方式，首先由车辆基地承建单位完成车辆基地的一级开发，再经过法定程序由另外的房地产开发公司进行上盖物业的二级开发，这在具体实施中遇到许多问题：盖上与盖下开发主体不一致，使得二次开发的收益、设计等受到很大限制；整体开发时间延长，上盖物业的开发不可避免地影响到盖下车辆基地的基本使用与地铁线路的通车时间要求。所以需要在今后的上盖开发中进行一体化设计与开发，二级开发商需要提前介入整体开发中，对上盖开发车辆基地进行技术支持，对开发的经济性进行衡量把握，政府主管部门推出的各种有利政策也对一体化开发与设计提供了一定的支持。

2）实现"四同步"开发原则

在地铁车辆基地上盖物业开发过程中，由于车辆基地与上盖物业层是不同性质的项目、建设主体、审批程序、专业设计、建设时序、经营管理方式等，造成了一体化开发流程的许多问题与挑战。结合各地实际案例，需要在地铁车辆基地上盖开发中遵循"同步规划、同步设计、同步建设、同步运营"的"四同步"开发原则，保证整体开发设计流畅、规范化地进行。

实现"四同步"开发原则，需要将政府、业主、设计、承包商各职能团体的相关工作内容统一在一个平台、流程中，按照各自的职能分工，协同运作，完善运作体系、政策制度、审批流程、标准规范以及协作机制等，其关键是物业开发的主体即盖下车辆基地的开发单位与上盖物业层的开发单位，要有主动介入、主动结合、主动协同的精神，才能积极推进"四同步"各项工作的有序进行。在我国，某些城市为上盖开发主体设立门槛，在符合我国的法定程序下使得盖上与盖下开发主体一致，保证了整体开发的一致性，能够更直接地实现"四同步"原则。只有坚持"四同步"原则，才能确保有效的经营性资源在规划、设计、建设过程中做到统筹设计、合理规划、及时预留和功能最优，也才能使轨道交通的服务功能与物业综合开发的效益功能取得双赢[51]。

3）统筹安排开发运营时序

不管是一体式开发还是预留开发都应统筹安排开发运营时序，保证各主要工作内容的整体顺畅进行。在开发过程中以地铁车辆基地为主导，上盖建筑需要在其基本成型时进行建设施工，这两者在设计时互为对方设计输入条件，并且会随时根据经济、结构、施工条件等进行修改，使开发时序的安排更加困难。地铁线路开通时间受到整体车辆基地建设的影响，使其建设开发必须在某一时间点开始，如果车辆基地开始施工建设，上盖整体方案没有完全确定，某些方面的修改、调整会给盖下施工造成返工等不利影响，使得工期延后，所以整体开发运营的时序需要进行统筹安排。例如，上海 12 号线金桥车辆段物业开发与地铁开通时间冲突，为保证开通时间，使研究两年的物业开发设计方案被迫取消。

4）明确项目整体开发流程

在地铁车辆基地上盖物业开发设计中，需要明确整体的开发设计流程，才能了解上盖物业层设计的切入时间点，保证整体开发的连贯性。开发流程以时间顺序可分为项目开发策划、整体规划设计、上盖建筑方案设计、整体并轨建设四大方面，每个主要流程之间都有一个相互协调过程。从城市层面对车辆基地上盖物业开发进行可行性研究与策划，确定基本规划设计方案与设计指标，盖上与盖下进行工艺协调之后再进行上盖物业层的初步方案设计，方案设计是一个动态的整体协调过程，经过反复的盖下工艺与上盖物业层设计调整，最终确定实施方案，经过统筹安排开发运营时序，进行整体实施操作（图 2-17）。

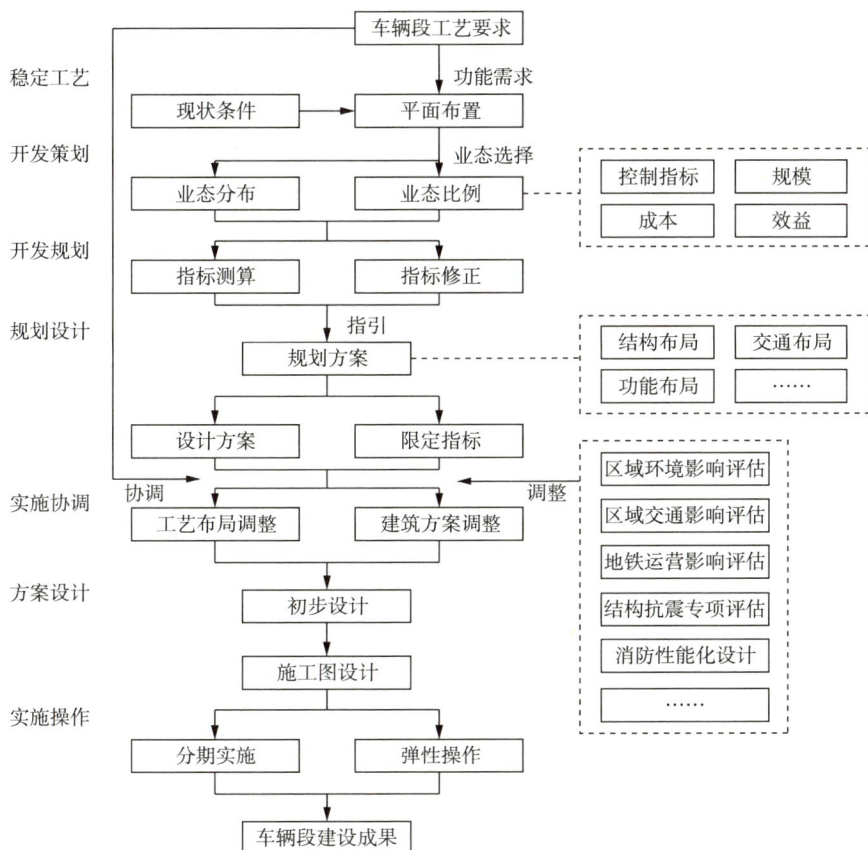

图 2-17　整体开发流程

来源：袁锋.地铁车辆基地物业开发关键要点探讨——以上海金桥车辆基地为例 [J].铁道标准设计,2013(5):127-131.

2. 设计工作方法

地铁车辆基地上盖开发是多部门、多专业、多团队、多阶段的整体开发项目，其中各个方面都有自己的设计、利益诉求，所以需要以一定的工作方法进行解决，协调各方面的矛盾与要求。

1）推动跨部门的开发决策整合

在地铁车辆基地上盖开发过程中需要推动各个相关部门的决策整合，形成车辆基地加物业开发的部门合力。决策者多是影响上盖物业开发成败的主要因素之一，所以需要整合决策机制，加强执行中的协调，建立相关部门间的统筹协调机制：在决策上，明确不同部门（市委市政府、规划、国土、国家发展和改革委员会、财政、交通、市政、国务院国有资产监督管理委员会、项目公司等）的分工，指定协调统筹的牵头机构、负责人，建立定期联席会议机制，加强部门间在决策上的协调；在执行中，督促各相关部门将决策落实到部门内分工和责任分配，并形成执行人员跨部门的协调和沟通机制。通过以上措施保证开发前期工作的顺利进行。

2）加强设计团队内部组织管理

地铁车辆基地上盖开发设计是一个庞大的综合体系统工程：从上盖物业层的设计角度来说有建筑设计、结构设计、机电设计、市政设计、景观设计、装饰设计等专业的整合；从车辆基地设计来说，包括城市规划、城市供电系统、城市邮电系统、市政管理、勘察地质等专业设计团队的整合（图2-18），所以需要进行各专业设计团队的内部组织管理，需要建立一个清晰的管理模式，才能理顺设计各个阶段、各个专业、各个功能之间的复杂关系界面；需根据分期开发的时间节点，统筹安排设计工作；注重设计团队内部专业之间的衔接，在开发周期中使得各专业在完成自己工作的基础上能与其他专业进行顺利交接和过渡。

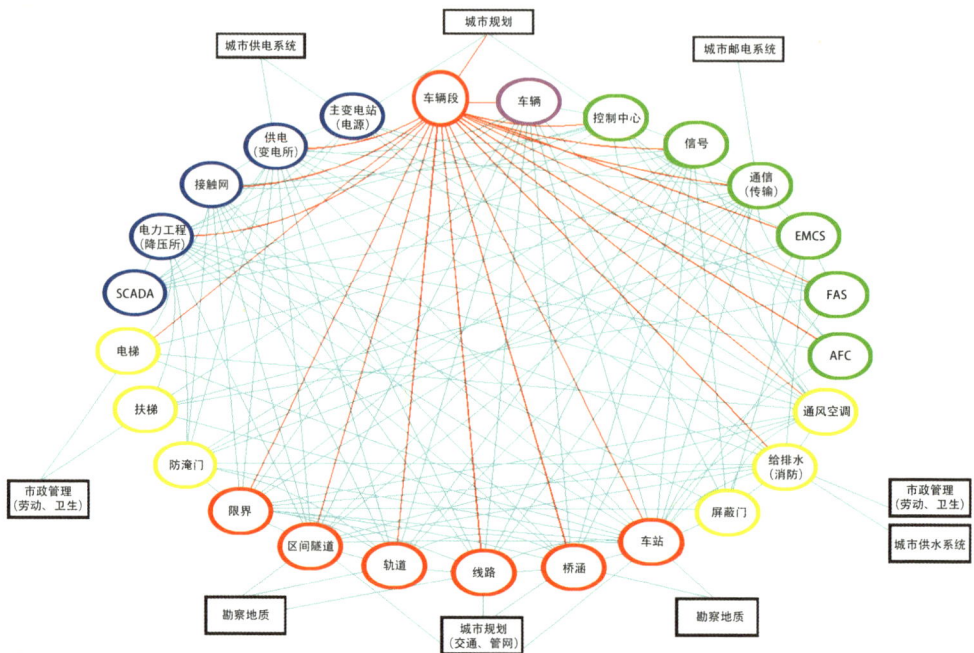

图 2-18　车辆基地和各专业关系示意图

3）协调设计团队之间相互协作

加强各个专业设计团队之间的相互协作，形成不同团队对整个地铁车辆基地与上盖物业层的设计信息和资料共享，利用相关设计软件和信息模型（BIM）等手段，使得在整体地铁车辆基地设计中，能够使各专业团队之间进行无缝对接与协调。首先需要根据沟通内容与对象选择合适的沟通模式，这是团队之间相互协作的基础；其次需要注重团队之间信息的接受与反馈，如上盖物业层中住宅设计团队需对户型进行调整，并及时与盖下地铁车辆基地工艺团队进行沟通，户型方案的变化可能导致剪力墙和柱距的变化，影响到整体结构转化的代价，需要团队之间确认；最后需要利用多方协调机制与专家审查等方法缓解设计团队之间的设计目的等冲突。

2.2.2　车辆基地选址定位

1. 从整体规划层面确定基地选址

地铁车辆基地上盖开发选址需要根据城市多方面的上层规划进行选择，需要符合城市国土空间整体发展方向与要求。与国内其他城市的上盖物业开发车辆基地选址相比，深圳的地铁车辆基地上盖开发选址是建立在轨道交通规划、沿线土地利用规划、地价评估与融资方案等一体化整合的基础之上的。深圳市适时调整了城市的规划流程，建立了轨道交通规划设计协同体系，通过加强轨道交通详细规划、工程可行性规划和法定图则之间的衔接关系，从规划流程上为实现 TOD 奠定了基础，在轨道交通详细规划阶段，深圳市规划和国土资源委员会将轨道交通详细规划与控制性详细规划统筹，在规划轨道交通线路、车站和车辆基地布局的基础上，分析站位和车辆基地与周边土地利用的关系，提出轨道交通线路、站点以及周边用地开发控制指标必要的调整建议[52]。

长圳站规划范围涉及的上位规划包括《深圳市宝安 BA301-08、301-09、301-11、301-12、301-15 号片区 [光明高新技术产业园区西片区] 法定图则》《深圳市宝安 301-10&13&14&16&T3 号片区 [田寮 - 玉律片区] 法定图则》两个法定图则以及已编制的《光明新区规划》。两篇法定图则对长圳站周边地区的用地性质、开发强度、道路交通、公共设施及配套等都给出详细明确的规定：规划长圳站周边作为主要的光明高新产业园区的产业用地，依托轨道站点，发展为产业配套的集中商业、居住及公共设施（图 2-19）。《光明新区规划》作为分区规划，从整体空间结构、用地布局、道路交通、绿化景观等对光明新区提出整体性、前瞻性、系统性指引，对于长圳站边地区的用地规划，与已批的法定图则一致，仅增加落实了蓝线和水域用地。

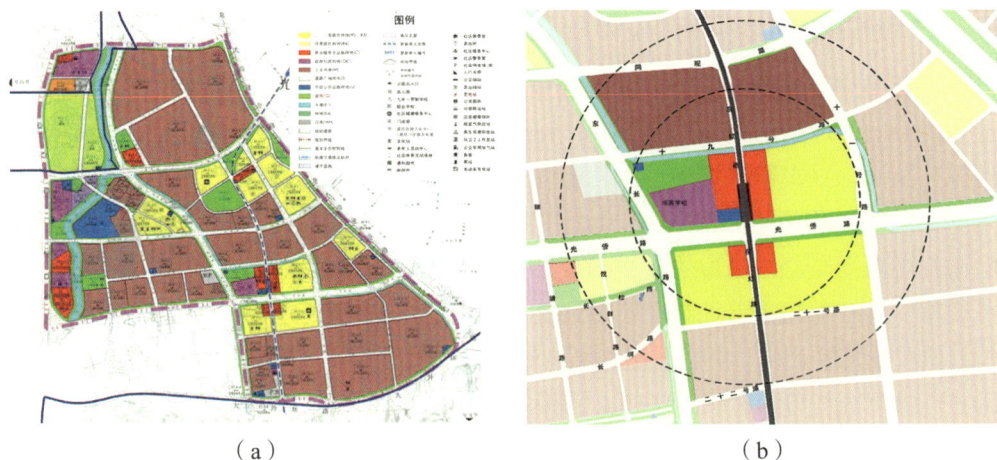

（a）   （b）

图 2-19　长圳站区域法定规划图则

（a）长圳站区域控规图；（b）长圳站站域控规图

来源：《深圳市宝安 BA301-08、301-09、301-11、301-12、301-15 号片区 [光明高新技术产业
园区西片区] 法定图则》《深圳市宝安 301-10&13&14&16&T3 号片区 [田寮 - 玉律片区] 法定
图则》

　　根据整体规划并结合长圳站的用地条件以及 TOD 综合开发的模式，在长圳站引
入长圳车辆基地，满足 6 号线建设需求。车辆基地总占地约 35hm²，采用立体复合
的发展模式，对车辆基地用地进行上盖物业开发，集约高效利用土地（图 2-20）。

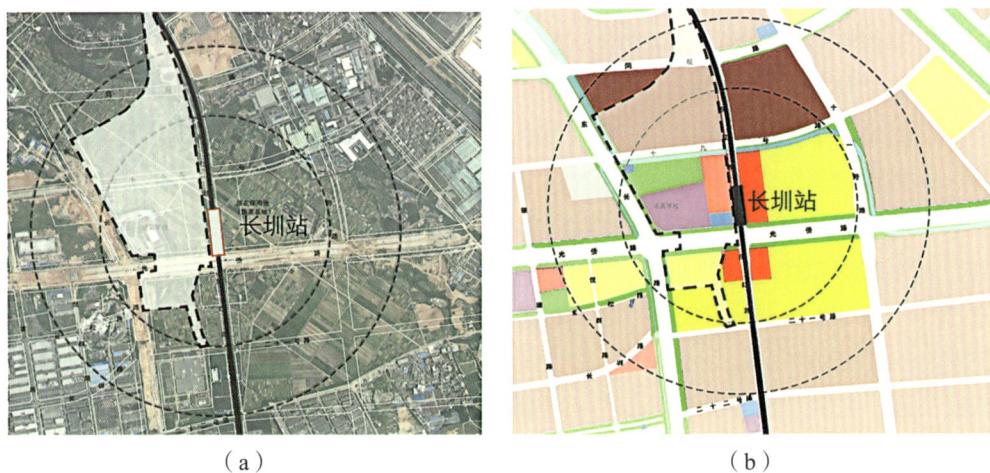

（a）   （b）

图 2-20　长圳车辆基地选址

（a）长圳车辆基地选址卫星图；（b）长圳车辆基地选址控规图

来源：深圳轨道交通三期 6 号线沿线物业综合开发研究

2. 以周边开发特点确定开发定位

在考虑地铁车辆基地上盖物业开发区域定位时应能够根据周边用地的开发潜力和用地供给情况适度调整；同时根据车站、车辆基地的布局，统筹确定周边用地的开发定位，提出控制指标调整建议，最大程度地挖掘轨道交通周边用地的升值潜力。在工程可行性规划阶段，随着项目企业的加入，城市的轨道交通工程可行性规划与控制性详细规划进一步对接，应允许项目企业从自身利益出发对规划提出调整意见，更有针对性地明确项目定位。该阶段既是对政府规划意图的落实，也是项目公司从工程实施和物业开发的角度，进一步完善项目定位的过程。

长圳车辆段地区是 6 号线沿线产业发展走廊的中枢节点，处于光明新区产业总体布局的核心区——光明高新区，其将成为光明新区未来经济发展的主要引擎，人口导入的重点区域之一，人均产值高出光明新区平均值约 50%。在轨道交通的带动和吸附作用下，长圳站将集聚目前光明高新产业发展、人口集聚所急需的各类配套服务设施。规划能级方面，将发展成为光明高新区西片区的片区级中心，发展多元化服务功能（图 2-21）；交通能级方面，作为 6 号线与 13 号线换乘站，光明新城南部"入口"，紧邻光明高铁站，将形成为光明新区南部服务的片区交通换乘枢纽

图 2-21　规划能级示意图
来源：深圳轨道交通三期 6 号线沿线物业综合开发研究

（图 2-22）。综上所述，结合地铁站点综合开发带来的城市公共功能和建筑空间集聚效应，长圳车辆段开发地区综合定位为：光明新区城市门户区组成部分、产业发展走廊中枢节点、多元化的城市综合体。

图 2-22　交通能级示意图
来源：深圳轨道交通三期 6 号线沿线物业综合开发研究

2.2.3　城市空间结构体系

1. 宏观层面顺应城市整体规划

我国主要城市轨道交通网络与城市空间体系的发展在初期的城市空间节点引领城市轨道交通建设，用轨道交通实现城市内部空间节点如商业中心、服务中心、教育中心、居住中心等重要功能区域的快速连接；城市空间与轨道交通网络相互影响空间发展布局，城市轨道交通的建设带给其周边城市空间一定发展机会，形成新的城市功能与城市人群的聚集，成为新的城市空间节点，也促进轨道交通的建设与发展；轨道交通引导城市发展，即城市新的发展区域要想实现高速、高品质发展，需要首先进行轨道交通建设，进行提前引导。例如，深圳轨道交通建设线路布局与深圳市城市总体规划的城市布局结构十分相似，其城市轨道交通网络实现了对深圳市城市主中心、城市副中心、城市组团中心等城市主要发展中心的连接，并通过轨道交通沿线的集聚效应形成深圳的主要发展轴与发展带（图 2-23）。由此，深圳市的城市发展骨架与其轨道交通体系形成一定耦合式空间发展，城市核心区域相互促进共同发展，轨道交通带动引导城市偏远地区发展。

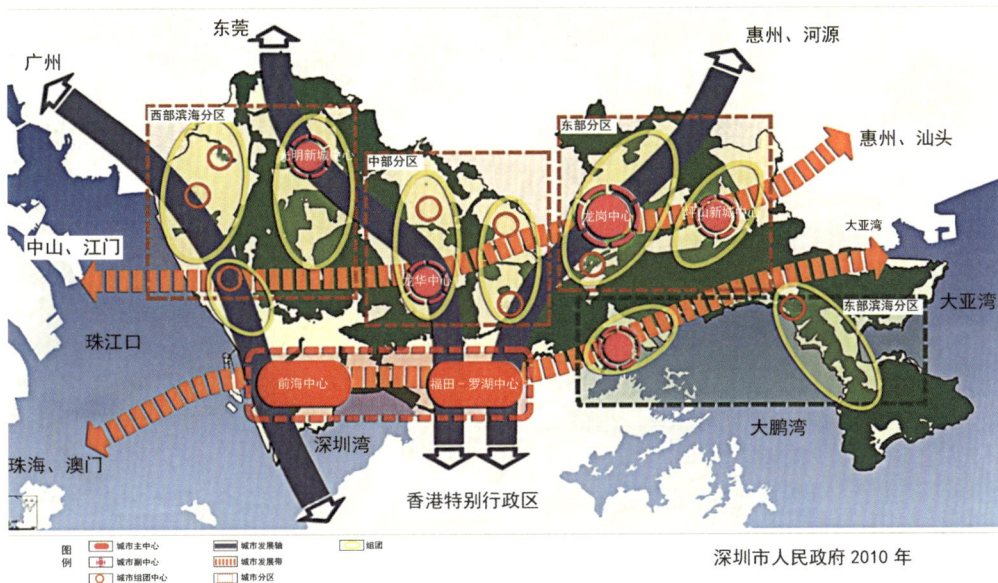

图 2-23　深圳市城市布局结构
来源：深圳市城市规划学会

我国主要大型城市如北、上、广、深等，经过多年对城市轨道交通的分阶段、分目标的开发建设和体系化运营管理，城市轨道交通体系网与城市空间布局架构已经形成内部区域耦合式发展，发布区域引领式开发的基本策略与事实。我国大型城市的空间形态正因其轨道交通的发展获得一次优化调整的契机，使城市空间的扩展方式从主要由道路交通网络体系引导的"同心圆"蔓延式发展转向由轨道交通网络引导的"多中心廊道链接式"城市群。地铁车辆基地上盖开发需在整体城市空间中找准自身定位，在城市空间发展趋势下将自身开发融入城市空间开发体系当中去，并发挥其引导城市周边区域开发的能力，与城市宏观层面的空间结构形成耦合式发展。例如，深圳市前海车辆段、横岗车辆段等综合开发都处于城市组团中心或者城市副中心地区，其开发建设成为深圳城市整体空间结构的一部分，加快了深圳的城市外延拓展与新的城市区域中心的形成（图 2-24）[53]。

图 2-24 深圳部分上盖开发车辆基地位置示意图

2. 中观层面融合区域空间结构

在城市公共空间结构体系中，上盖开发车辆基地的整体开发规模、项目属性、开发目的等应根据区域城市空间结构进行设计调整，符合城市区域地区发展需要，促进城市整体功能、空间、景观等的有序发展。例如，焦化厂车辆段所在的中关村朝阳园垡头基地，其位于北京垡头科技商务区东部，紧邻东五环，占地 8.01km²，建筑规模 1175hm²（图 2-25）。规划形成"一轴、两带、三片、五心"的整体空间结构，以焦化厂主体为其主题空间主轴并串联轴线上的公共空间，两侧形成重点发展区域，并结合政策定位为以信息、环保等新兴产业为主导的"战略性新兴产业基地"（图 2-26）。焦化厂车辆段位于功能区域中部，在焦化厂工业遗址空间主轴的北侧并紧邻地铁站，在其开发区域内建立商业、办公、交通、户外休闲等功能区域，作为区域空间结构、功能构成的一部分，参与到城市区域的整体性开发中来，起到重要的推动作用。

深圳长圳车辆基地地区（长圳 - 高铁站地区）位于光明高新区，整体呈现"工业区 + 服务核心""中低密度 + 中高密度"的功能空间形态，见图 2-27，其总体城市设计中突出了三个要点：保证长圳站地区（片区中心）、观光站地区（片区中心）、

（a）

（b）

图 2-25　北京垡头科技商务区选址与控规

（a）中关村朝阳园垡头基地区位图；（b）中关村朝阳园垡头基地控规

来源：http://ftgwh.bjchy.gov.cn/index.php

图 2-26　北京焦化厂车辆基开发区域示意图

高铁站地区（区域中心）这三个服务核心区域周边的较高密度开发和错位发展，构成新区近期发展的标志性节点，突出体现其 TOD 发展中心的高强度特征；4 条交通及景观联系轴，3 个服务核心主要依托光明大道、观光路、光侨路、东红路相联系，设计中应重点考虑 4 条联系轴的景观界面；设计中充分挖掘鹅颈水、东坑水生态廊道的生态景观效应，以两条自然廊道为骨架、结合规划保留的部分自然要素，构建地区点线结合的生态网络，并延续加强规划中设置的道路绿化体系、生态水系、绿化水系等系统共同构成门户区绿化景观系统。

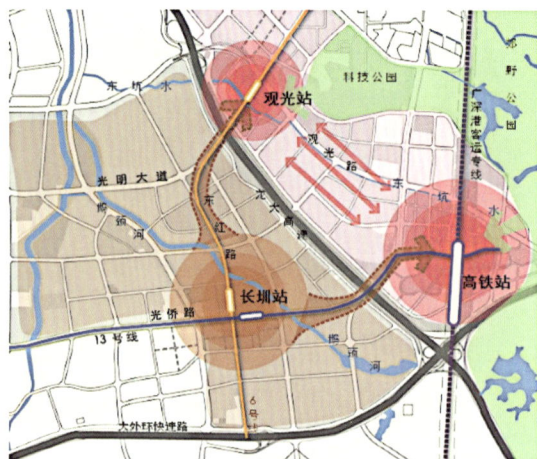

图 2-27　长圳 - 高铁站地区空间结构示意图
来源：深圳轨道交通三期 6 号线沿线物业综合开发研究

3. 微观层面消解车辆基地界面

现阶段地铁车辆基地上盖开发与城市空间体系之间处于一种隔离状态，其与城市空间缺乏互动，且整体规划设计理念缺乏对车辆基地与城市空间交互的关注（图 2-28）。设计策略主要从消解地铁车辆基地的城市界面角度入手，又分为"完全消解"与"非完全消解"两种方法。

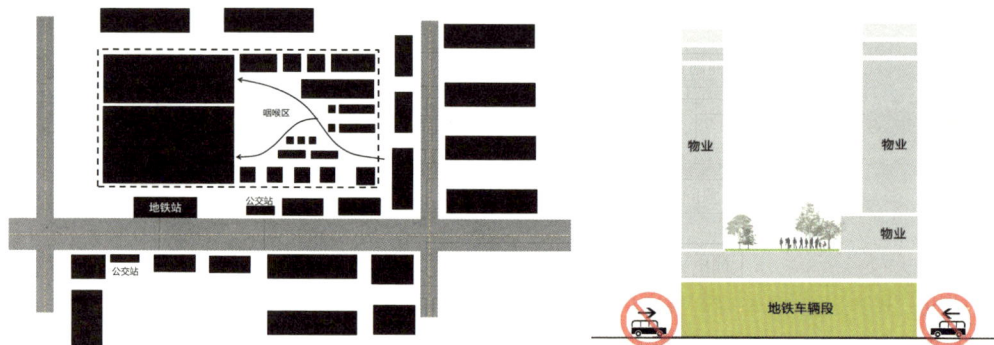

图 2-28　上盖开发车辆基地与城市空间缺乏互动示意图

1）遮挡式消解

遮挡式消解指通过落地物业从视线上遮挡车辆基地界面的方法，一般是车辆基地退道路红线较多，预留出沿城市道路开发地块，作为白地开发，多为商业、办公等功能，与上盖物业形成空间联系，其前方多为休闲广场等城市公共空间要素，形成一定空间序列，完成了城市公共空间向上盖物业较私密空间的转换过渡（图 2-29）。

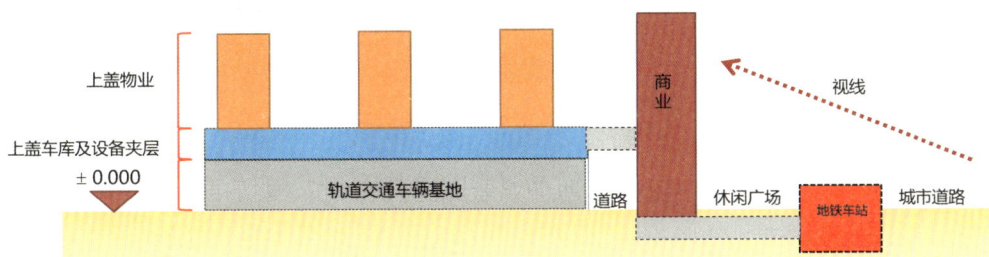

图 2-29　遮挡式消解示意图

2）阶梯景观式消解

阶梯景观式消解是指运用覆土、阶梯平台景观等方法对车辆基地的界面进行消解处理，使得其上盖开发的物业能够直接与城市空间发生关系。阶梯平台景观模式有消解车辆基地界面作用，其能够在上盖平台与城市空间之间创造丰富的过渡空间，能够带来不一样的空间体验，使上盖物业的孤岛性质得以减弱，但其对场地要求与成本较高，多用于场地有坡度区域（图 2-30）。例如，无锡雪浪停车场充分利用现有地形特点，从其用地边界起坡，运用平台、台阶、阶梯绿化等空间元素，保持空间的延续性至停车场上盖边缘。

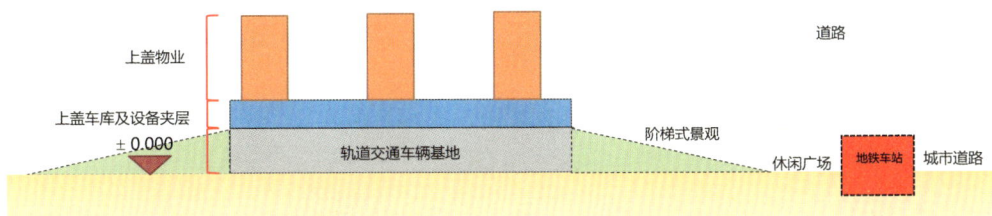

图 2-30　阶梯景观式消解示意图

3）道路上跨式消解

道路上跨式消解是指抬高城市道路，使其标高与车辆基地厂房屋顶上盖平接，有效降低界面高差。抬高车辆基地周边道路不仅可以缓解界面高差对城市的压力，还可以使车辆基地交通有机地融入城市系统，在新开发的车辆基地中广泛应用。道路上跨需要在前期策划时进行预留，与交通部门配合，进行统一规划（图2-31）。

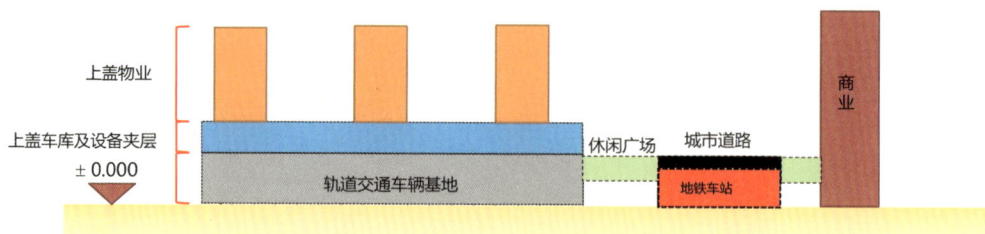

图 2-31　道路上跨式消解示意图

2.2.4　城市周边功能配置

受地铁站与车辆基地位置关系影响，地铁站与车辆基地相近布置则功能配置多以上盖居住物业为核心，若两者有一定距离，则以地铁站为功能配置核心。

1. 以居住型物业为核心的上盖功能配置

此类功能配置是以上盖居住物业为核心，地铁车站与距离相近且周边物业开发为主要人流输出点，起到支撑周边商业、办公、娱乐等功能区域的作用，都需要与上盖居住物业进行功能、空间等交互，带动整体区域的发展与提升（图2-32）。我国已开发车辆基地多为此种模式，最典型的案例有地上高架模式的南京南延线车辆段，商业部分直接位于车辆段之下，形成直接的交互关系，还有深圳蛇口西车辆段直接在停车层做商业、娱乐等配套设施，满足居住区的使用要求（图2-33）。

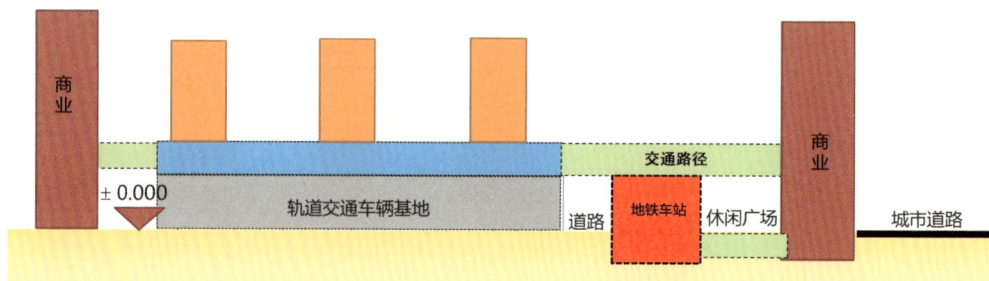

图 2-32　上盖居住物业为核心的功能配置示意图

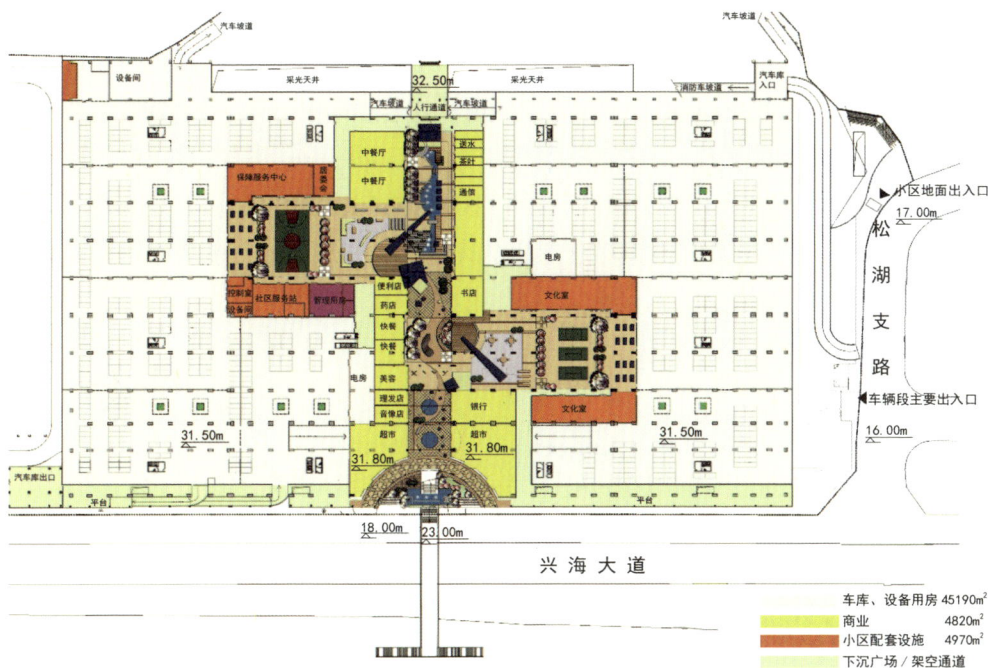

图 2-33　蛇口西车辆段配套设施功能配置
来源：北京城建设计研究总院

2. 以区域混合型物业为核心的上盖功能配置

以区域混合型物业为核心的布置主要是因整体开发面积较大、车站距离上盖物业较远，为形成更为完整的城市功能区域，统合一体开发（图 2-34）。

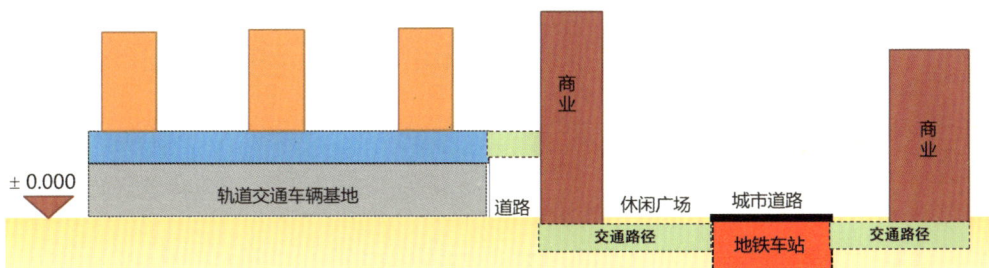

图 2-34　上盖居住物业非核心的功能配置示意图

深圳长圳车辆基地周边的功能配置为此种模式，整个长圳站周边地区的规划大体可以归纳为"一轴、三区、两主题"（图2-35）。一轴是指以贯通南北的6号线为发展轴线，在其两侧创造核心商业区，呈辐射状向周边推进；三区是指地段中部毗邻长圳站为高层核心商业区、地段西侧及东南为中低层景观住宅区、地段东北为低层滨水文娱休闲区；两主题是指地段西侧位于住宅区内，以社区绿化及广场为景观主题中心，打造优雅环境，地段东北位于文娱休闲区内，以滨水文化设施建筑为人文主题中心，展示高尚品位。

① 城市广场–13号线站点
② 综合购物中心–6号线站点
③ 商圈天桥系统
④ 中央商业步行街
⑤ 服务式公寓/酒店
⑥ 标志性塔楼
⑦ 配套商业零售
⑧ 林荫大道
⑨ 河畔长廊
⑩ 河畔餐饮区
⑪ 滨水人文广场
⑫ 文化艺术游园
⑬ 生态木栈道
⑭ 住宅及配套零售
⑮ 九年一贯制学校
⑯ 幼儿园
⑰ 社区体育休闲公园
⑱ 有机园圃
⑲ 公交首末站（建筑首层）

图 2-35　长圳车辆段总体开发平面图
来源：深圳轨道交通三期6号线沿线物业综合开发研究

基于"一轴、三区、两主题"的总体布局结构，长圳站地区划分为核心商业区、文娱休闲区、乐活居住社区三大功能混合。商业区以6号线及13号线轨道站点为核心在临近地块布局核心商业区，集中安排公共服务类功能等，为光明高新区提供商务服务，主要为商业、办公、酒店式公寓等。以 6 号线长圳站综合体引领该区域整体发展。文娱休闲区以鹅颈河滨水空间为脉络，在两侧布局文娱休闲区，集中安排商业、休闲娱乐空间，同时结合住宅、学校等功能。乐活居住社区在车辆基地上盖区域及站点外围区域布局住宅功能，为光明高新区从业人员及地铁通勤人员提供居住服务。整体布局中积极推进滨水生态景观及社区绿地建设，为社区的各种人群提供丰富的绿化休闲空间体验（图 2-36）。

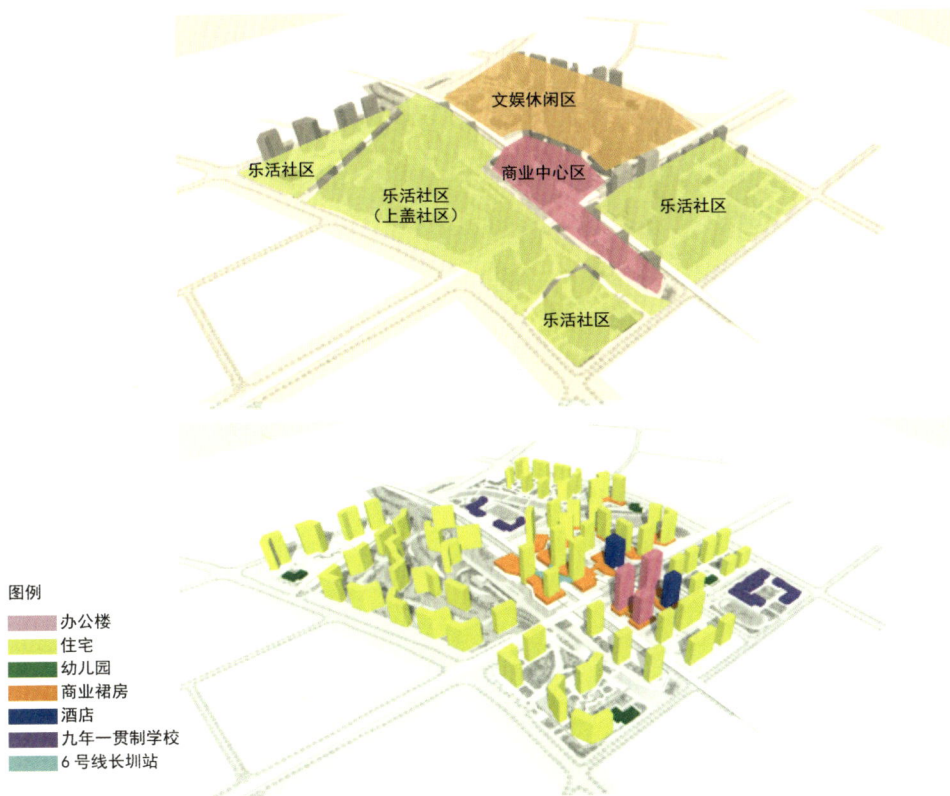

图 2-36　长圳车辆段总体功能配置
来源：深圳轨道交通三期 6 号线沿线物业综合开发研究

2.3 现状痛点与设计原则

2.3.1 现状痛点

地铁车辆基地作为地铁系统中重要组成部分和基本生产单位，其承担全线运营车辆运用及维修、全线基础设施及机电设备维护、物资存储及发放等诸多任务[54]。地铁车辆基地的功能性决定其建设占地面积大，建筑密度较低，内部功能复杂，运用库及检修库等上部空间闲置；结构性决定库内柱网整齐，布置灵活，具有开发优势。从提高土地利用率等多角度出发，地铁车辆基地上盖开发，上盖物业的建成提升了空间利用率，从使用回馈及构建智慧城市、提升城市环境、满足人们使用要求的角度，总结出地铁车辆基地上盖开发的三个现状问题：城市空间的割裂、生态环境的阻断、确权管理的模糊。

1. 城市空间的割裂

地铁车辆基地综合体自身体量巨大，占地面积多为几十公顷以上，横跨两、三个街区，隔断了城市界面和天际线，割裂城市空间体系。从现有地铁车辆基地上盖物业的建起情况分析，上盖物业地平线抬高，居民的衣食住行等生活方式无法与周边环境道路相互融合，做到合理的规划和统一，割裂了城市的界面、功能、天际线等。使得现有社区与交通系统关系出现生活孤岛效应、人性化程度不高等问题。

2. 生态环境的阻断

生态环境的阻断是指车辆基地整体环境与城市环境、周边交通在空间及视觉上的分离。由于车辆基地体量庞大，盖上环境无法与城市环境进行衔接，导致景观环境和城市天际线的不完整，影响市容市貌和居民的生活品质。基地上盖建设形成环境微循环，如何将先进的技术理念运用到上盖建设中，达到提升环境品质的作用，也是生态环境问题中需要探索研究的。

3. 确权管理的模糊

由于盖上盖下开发时序与产权的分立，导致信息互享程度低，多处一体化开发的车辆基地建设时序混乱，盖上盖下开发界面的划分、分层权属的模糊，造成盖上盖下不能达到共融、双赢。科技化、智能化系统的不断发展，人们的需求也不断增强，如何提升上盖结构技术、智能化服务来达到上盖生活品质的提升，是需要探索研究的。

2.3.2　设计原则

1. 车辆基地优先原则

在地铁车辆基地上盖开发设计中，不管上盖开发是何种规模、类型，盖下的车辆基地基本工艺可以进行简单调整，但都必须保证车辆基地基本功能的使用，保证整体轨道交通不受影响，其周边整体开发需要以城市轨道交通为导向的开发模式来推进，促进轨道交通与城市功能的协调发展。

2. 一体化设计原则

一体化设计是设计原则也是设计方法。需要在进行相关开发时，地铁车辆基地的一级开发主体与上盖物业二级开发主体在整体项目策划阶段就进行相关的协调、整合工作。在设计时，需要根据一定的工作方法，将两者的设计诉求与目的进行协调整合，将地铁车辆基地上盖开发作为一个城市综合体来进行合作设计，这能够避免预留开发带来的一系列问题，如上盖开发调整困难、上盖施工影响盖下等，使得两个开发主实现双赢。

3. 区域功能复合原则

在地铁车辆基地上盖开发设计中，不应只关注于上盖功能平台上的设计与开发，在区域内利用车辆基地竖向空间的分层，进行竖向空间和水平空间的双向功能复合：竖向上，利用沿街地坪层、设备层等不同标高平台，进行整体多功能的复合设计；在水平上，与周边落地区商业功能建筑、交通枢纽等形成空间联系，与地区发展形成联动。这能够带动开发区域土地的集约利用，提高周边区域的开发水平。

4. 多方统筹协调原则

地铁车辆基地上盖开发设计是一个综合性、整体性特别强的开发项目种类，在其整体开发设计中，需要进行多方面的统筹协调：在项目策划阶段，需要政府和企业

之间的协调统筹，轨道交通企业应主动加强与地方政府部门的沟通，积极争取政府
部门的指导和支持，在政策办法上进行一定的创新；在设计过程中，需要开发企业与
各部门设计团队之间的统筹协调，确定整体开发设计；在运营管理中，需要上盖物业
与盖下车辆基地整体统筹协调，将相互影响降至最低（图2-37）。

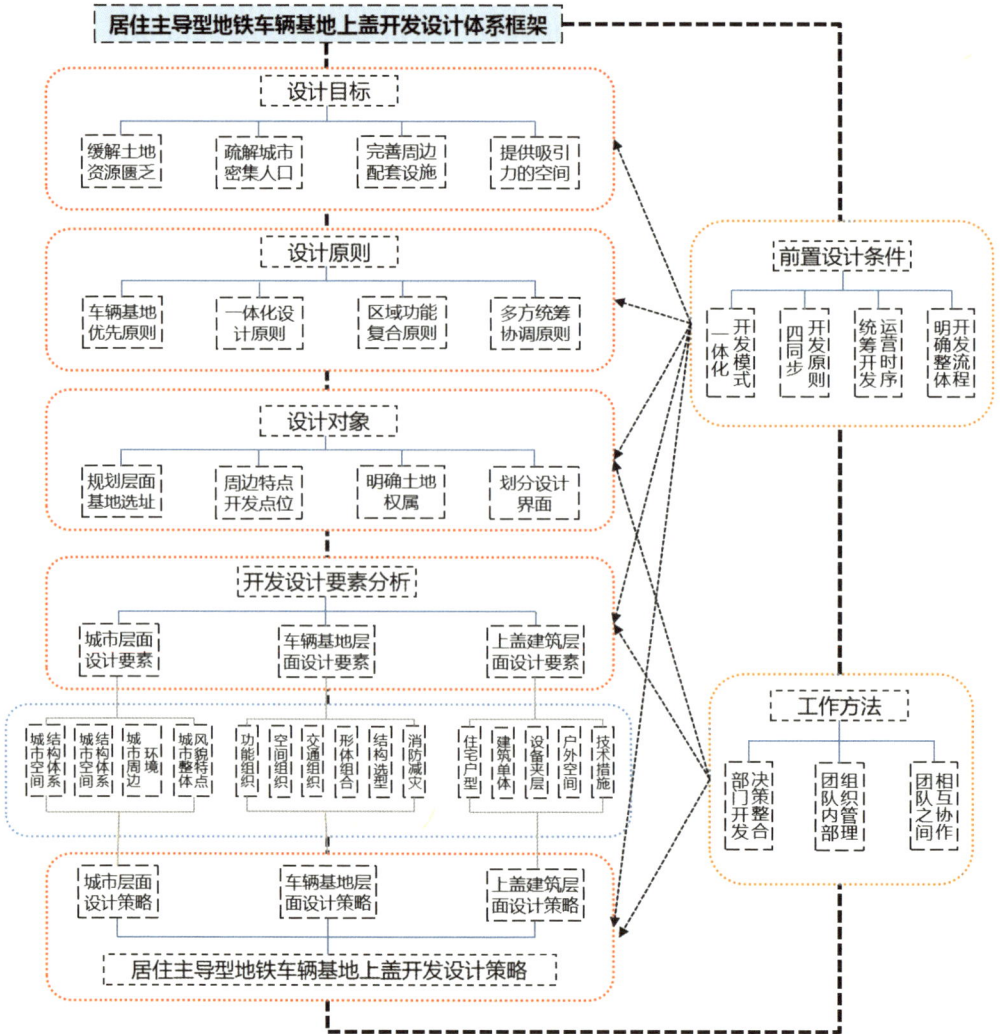

图 2-37　开发设计体系框架

2.4　第四代地铁车辆基地智慧上盖理念解析与发展趋势

　　智慧上盖的理念依托于智慧城市，其发展经常与数字城市、感知城市、生态城市、低碳城市等多种发展理念交叉，与智能交通、智能电网、电子政务等信息化行业也进行多概念的融合，不同行业对于智慧城市的理解也不尽相同，终究其本身还是利用智慧城市的理念，使用各个行业最前沿的理念、最先进的技术为人们的生活提供最合理化、最便捷的生活方式。将智慧城市理念与地铁车辆基地相结合，生成第四代智慧地铁车辆基地上盖理念，其目的就是使用智慧城市所能涉及到的各个领域的先进思想、技术作用于地铁车辆基地上盖物业开发，使上盖物业开发以一种更加合理、标准、科学、安全的方式进行。第四代地铁车辆基地上盖主要从功能叠加、生态绿色、技术安全、数字数据 4 个方面协作，使上盖物业开发在设计、开发、施工等方面都能够以合理、科学、协作的方式推进，也能够让人们在使用中体会到智能化的服务，舒适的生活环境。

2.4.1　第四代地铁车辆基地智慧上盖理念释义

　　国内车辆基地上盖开发从 1999 年北京四惠车辆基地上盖开发以来，已建成和即将建设的北京榆树庄、广州市越秀地产水西、萝岗等车辆基地开发项目，经过 20 年的发展，地铁车辆基地开发经历了 3 个时代的变革。智慧上盖是总结前 3 代地铁车辆基地开发中的不足、物业使用反馈的缺点，结合现代智慧城市、智慧城轨发展理念，建立的上盖物业开发新模式。①在城市空间上，上盖物业与城市天际线进行整合，减少上盖物业高起的突兀感；②在功能使用上，梳理人行流线、车行流线、居住空间、公共空间等设计的合理性，提高居民活动的便捷度及使用效率；③在景观设计上，使上盖物业空间形成绿色节能空间微循环，既保证景观优美性又提高环保效率；④在结构技术上，保障地铁车辆基地盖上盖下结构的协同设计以及上盖空间在消防疏散、减震降噪方面的措施；⑤在服务配置上，提高上盖物业的智能化及科技技术配置，更加智能地服务上盖物业居民（图 2-38 ）。

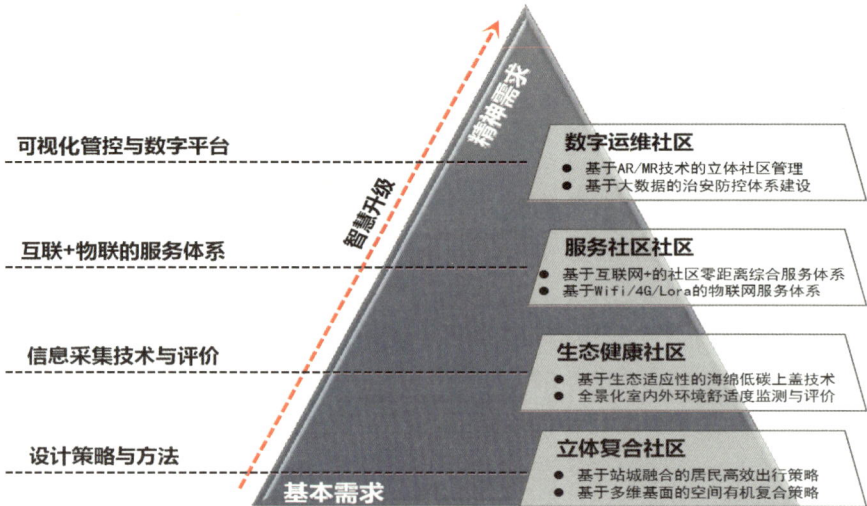

图 2-38　智慧上盖理念解析

　　本书研究的地铁车辆基地智慧上盖开发是指在地铁车辆基地开发的基础上，为提升上盖物业设计的合理性、空间的适用性、环境景观的节能性以及居民使用的便捷性而提出的智慧上盖四个方向的策略。

1. 立体上盖

　　立体上盖主要是从上盖功能结构上将地铁车辆基地上盖物业开发进行空间层次上的划分，从立体空间的层次功能、人车流线、空间形态三个方面进行构架，深入分析在基地三维空间中的各个元素之间的联系（图 2-39）。

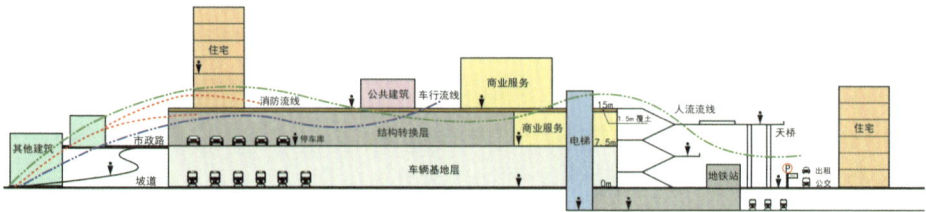

图 2-39　立体上盖分析

2. 生态上盖

生态上盖是从地铁车辆基地上盖物业开发的绿色技术视角深入挖掘，从海绵城市、植物种植、景观小品、绿色理念、生态技术等方面进行分析，构建一个环境优美、绿色节能、居住舒适的上盖物业（图 2-40）。

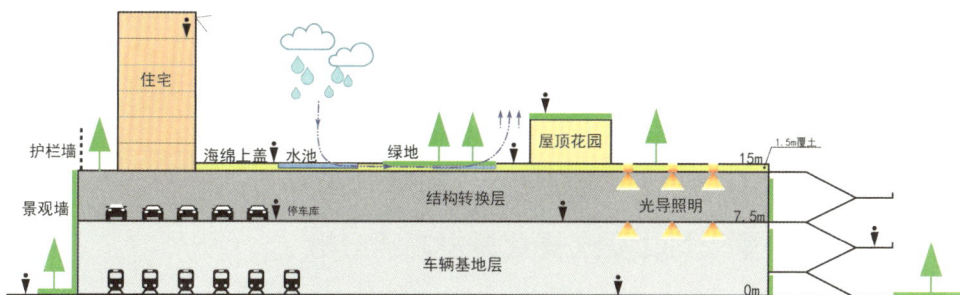

图 2-40　生态上盖分析

3. 安全上盖

安全上盖是从地铁车辆基地盖上盖下协同设计出发进行全方位结构布局统筹和结构选型，以及为了保障上盖生活品质和安全进行有关于减振降噪和消防减灾等关键技术的措施策略（图 2-41）。

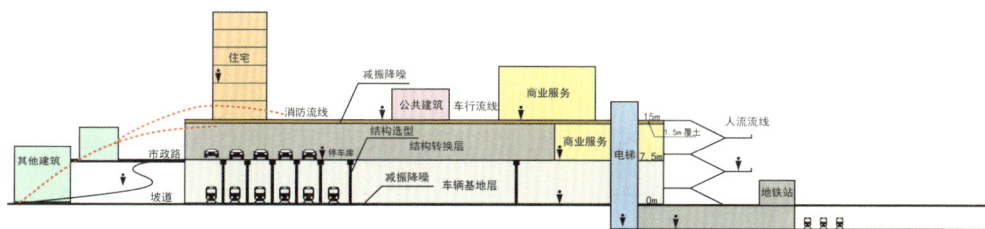

图 2-41　安全上盖分析

4. 数字上盖

数字上盖从智能化技术、生产开发、设计管理、统筹运营等方面进行构建智慧化管理和服务，使上盖物业开发从招商、开发、设计、建设、运营、使用、维护等多方面达到统一和技术服务上的先进化（图 2-42、图 2-43）。

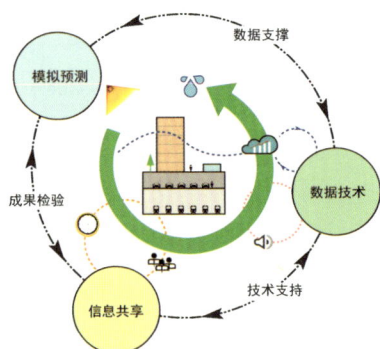

图 2-42 数字上盖分析

图 2-43 研究范围示意图

2.4.2 车辆基地上盖一体化开发趋势分析

1. 在上盖土地资源开发利用率上提质增效

地铁车辆基地上盖开发模式的兴起，增加了土地开发面积，缓解了我国大、中型城市土地资源紧张的状况[55]。因为我国对于地铁车辆基地上盖开发模式经验的匮乏，以及技术的欠缺，上盖物业在开发、设计、后期运营中用户体验都存在一些问题，智慧上盖模式的提出，在现有车辆基地上盖开发经验的基础上，优化上盖物业开发模式，提高上盖物业资源的利用率。

2. 在上盖物业与周边环境关系上融合统一

地铁车辆基地通常占地面积大，基地空间高度可达 8~9m 高，基地上盖增加 6m 左右的结构转换层，上盖物业层高度可达 15m 左右。在城市空间中，将地铁车辆基地上盖开发的物业层完美地融合到城市环境中，美化城市天际线，消除人们使用中的空间断层感。

3. 在上盖物业数字运维上智慧共生

在智慧城市以及大数据时代的背景下，提升上盖物业运维的智能化、人性化是智慧上盖提出的一方面，将智能设备、数据收集、信息共享运用到智能服务中，能够提升数据服务的准确性，优化上盖物业服务功能。

4. 在上盖建设的关键技术上精细化提升

在科学技术快速发展的时代，部分已经建成的上盖物业中无法达到科技智能化。在建项目中可利用的科技化手段也在不断更新，从建筑设计、建筑施工、后期服务与维护中都将离不开技术手段的不断优化，让上盖物业的建设更加科技化、系统化、智能化是上盖开发的趋势。地铁车辆基地上盖开发面积大，空间层次多，在绿色节能的背景下，可将海绵城市理念与其结合，使上盖物业形成一个可蓄水、储水、排水、渗水、可持续的微环境。

第 3 章

基于立体上盖的
建筑空间布局设计策略

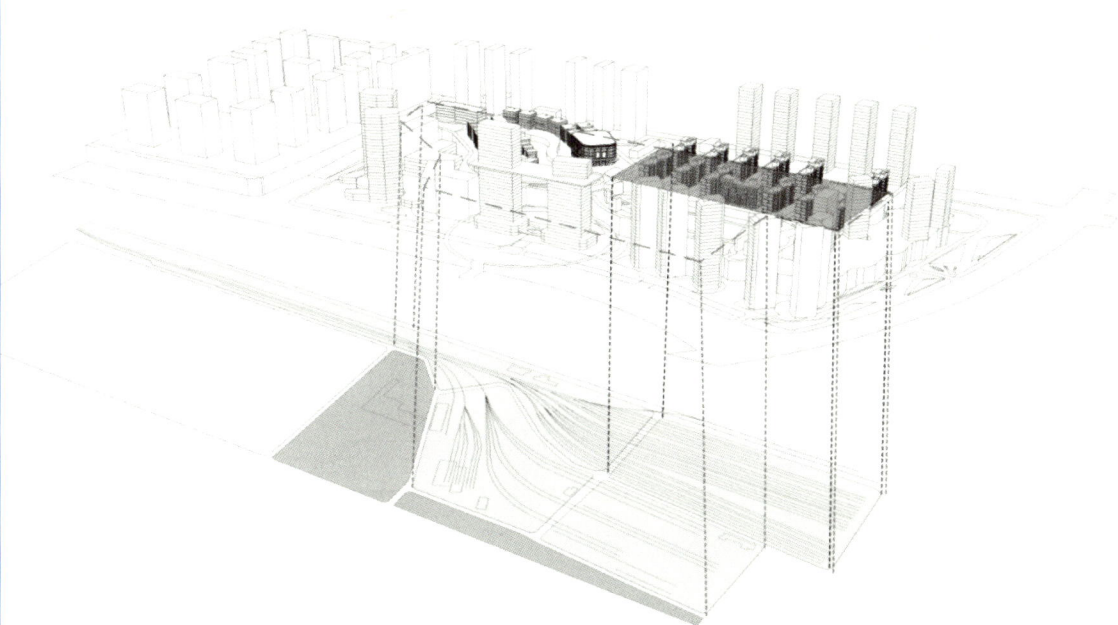

3.1 上盖功能复合叠加

3.1.1 盖上盖下的功能适用性分析

地铁车辆基地建设是在保障地铁基地盖下空间功能区域正常运行的基础上进行上盖空间开发，地铁车辆基地盖下空间咽喉区、运用库、检修区的工艺空间结构不同，且对上盖物业的功能建设具有一定的影响。从建筑设计的角度，地铁基地盖下空间与盖上空间的关系是互为制约条件。这就需要建筑师从整体建筑观入手，全面协同盖上盖下的制约条件，形成设计对策。

车辆基地盖下车辆段的功能空间受工艺流程的制约，已经形成相对稳定的功能组织模式，按照工艺要求分布有：联合检修库、停车列检库、道岔区、咽喉区、办公培训、落地开发区等功能区。但各功能区除落地区外从结构的规则性、空间的使用要求及开发成本上不完全能支持上盖物业的开发，各功能区对上盖物业可开发的利用条件见表 3-1。

表 3–1　各功能区对上盖物业可开发的利用条件评估

区域	盖下规则性	盖下净空要求	上盖开发对其影响	上盖开发成本	适宜开发物业
咽喉区	不规则	低	较大	较高	较适宜
联合运用库	规则	高	较大	高	适宜
停车列检库	较规则	较高	较小	较高	适宜
办公培训	不规则	高	大	高	不适宜
道岔区	不规则	低	大	较高	较适宜

1. 道岔区与咽喉区

道岔区与咽喉区相互连接并且功能类似，设计中通常作为一个整体区域进行考虑。该区域线路为曲线形态，道岔较多，形态布置不规则，盖下空间无法规则布置柱网，盖上建筑的设计与形体布置受限。道岔区为地铁车辆进出基地的过渡区域，全天候运营，噪声较大，不易布置居住、办公等空间；咽喉区为车辆变轨操作区域，易产生噪声和振动，且柱网布置不规则，易布置体量小、高度低的公共建筑，部分施工技术能够达到减声降噪标准，也有案例在此区域布置小型洋房、学校等，但多数已经开发的地铁车辆基地咽喉区上方的盖上空间，多布置为景观区，搭配少量办公建筑服务于开发商内部使用（图 3-1）。广州市陈头岗车辆基地上盖开发设计中，出入段线与咽喉区上盖 9m 盖板处配置公共通道及车库；15m 盖板上综合设计幼儿园、中小学以及室外运动场地（图 3-2）。

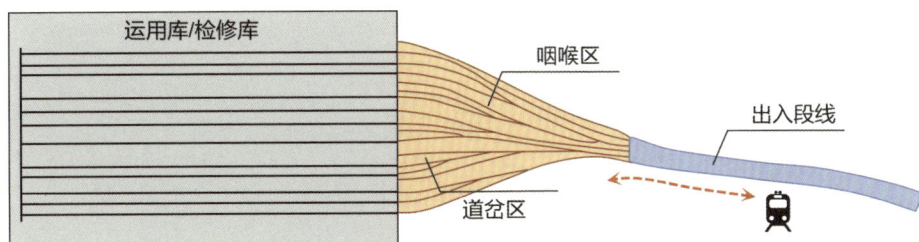

图 3-1　地铁车辆基地盖下功能及出入段线示意图

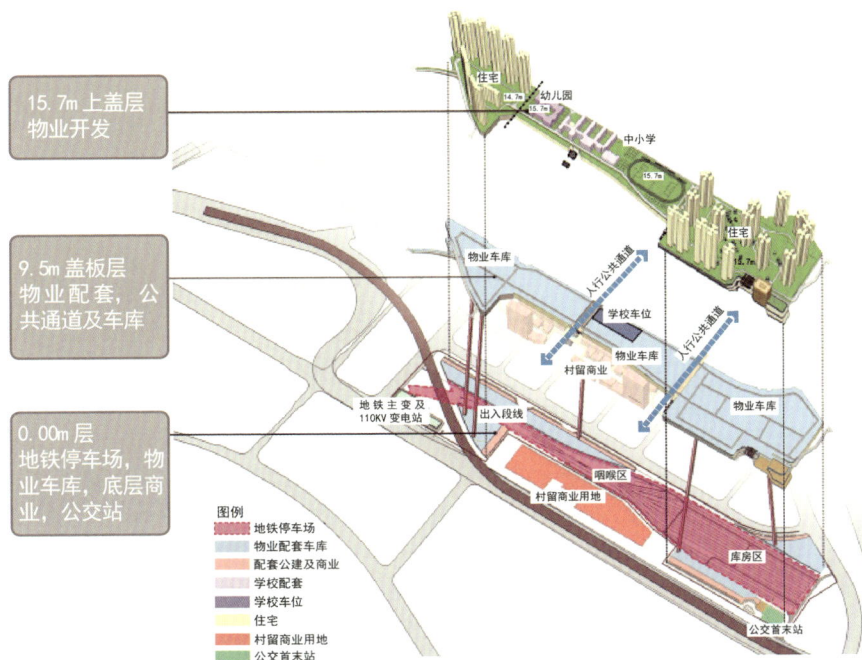

图 3-2　陈头岗车辆基地上盖开发多基面功能
来源：广州市越秀地产大湾区轨道交通开发公司

广州萝岗车辆基地由出入段线、咽喉区、运用库三部分组成（图 3-3）。在咽喉区上方的盖板西侧 8.5m 之上，设计了体育场、九年一贯制学校和 15 班幼儿园，在九年一贯制学校一层利用架空层开放大空间平台，不仅可以对盖下的振动噪声产生一定的缓冲作用，同时在周末还可以将此空间共享给上盖居民，节假日举办展览、科普宣传等活动，实现资源最大化利用（图 3-4）。咽喉区西侧的盖上 14m 平台布置多层洋房，在设计与施工中加强了对该区域的减振降噪处理，保障住宅的舒适度，这也是国内首例在咽喉区上方布置住宅建筑的开发项目。

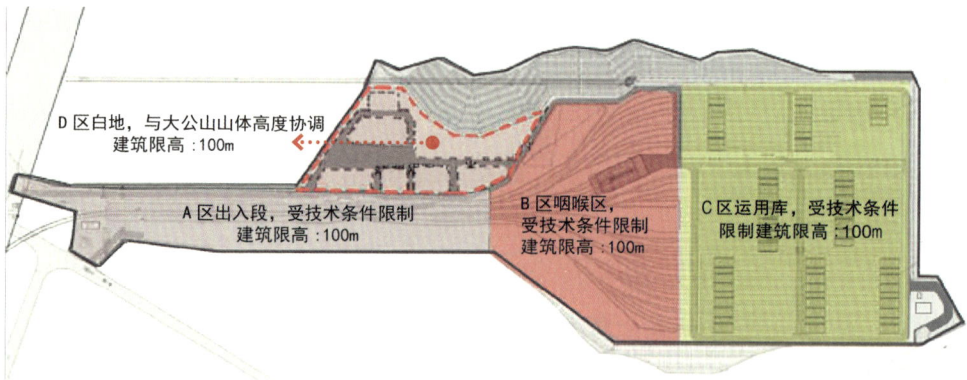

图 3-3　萝岗车辆基地功能

来源：参考文献 [56]

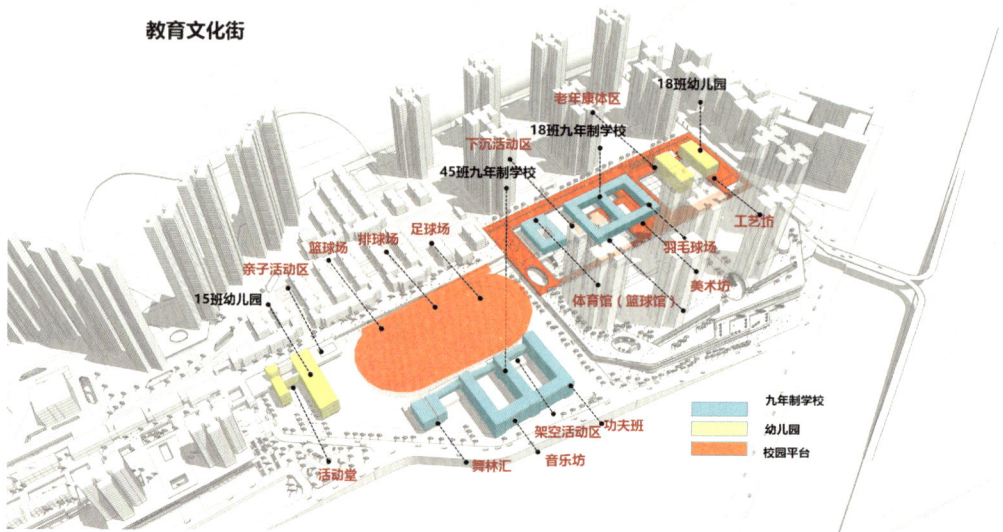

图 3-4　萝岗车辆基地上盖开发教育建筑分布

2. 联合运用库与停车列检库

联合运用库与停车列检库的共同特点就是面积大，结构较规整，可高强度进行上盖开发。停车列检库的柱网布置相对规整，为平时的车辆停放和普通检修使用，噪声和振动的影响较小，是上盖物业开发区域的最佳选择。停车列检库承担车辆检修功能，使用中产生噪声、振动、粉尘等影响，在进行上盖开发时，一般将其上盖空间与联合运用库综合考虑，可布置对噪声、振动敏感度较小的功能建筑。前海湾车辆基地上盖开发项目设计中，在停车库和检修库上方设计大面积上盖住宅，利用结构转换层布置小汽车库。结构转换层柱网布置规则，且面积大，高度一般在 6m 左右，为了能够承载上盖物业层，梁高较高，净高空间通常将停车功能纳入其中，在空间充裕的条件下，可将商业、娱乐、道路交通等功能与停车基面共同设计，形成功能业态多基层融合的复合开发（图 3-5）。

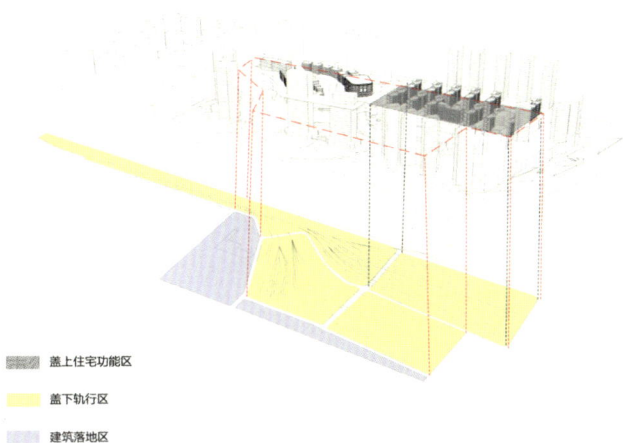

图 3-5　前海湾车辆基地上盖开发多基面功能

3.1.2　多基面功能协同配置

1. 城市功能的延伸

地铁车辆基地作为大中型城市节点，在功能开发上具有多样性，能够填补城市结构空缺，解决基础设施配套和交通等问题，疏解城市中心的人口压力，因此在基地的上盖开发中不能单一的关注上盖区域的空间布置，要与周边城市空间环境进行整体的协同设计，使得上盖开发的上盖综合体能够与周边不同类型的空间、建筑进行相互补充、互利共享，成为城市功能完整的外延组团式中心（图 3-6）。广州市陈头岗车辆基地上盖开发项目西北部为珠江大石水道（距离约 500m），东南部距飘峰山约 1km；项目与陈头岗地铁站直接连接，交通便利；周边有工业园区、创意园等办公场所，对住房具有一定需求（图 3-7）。

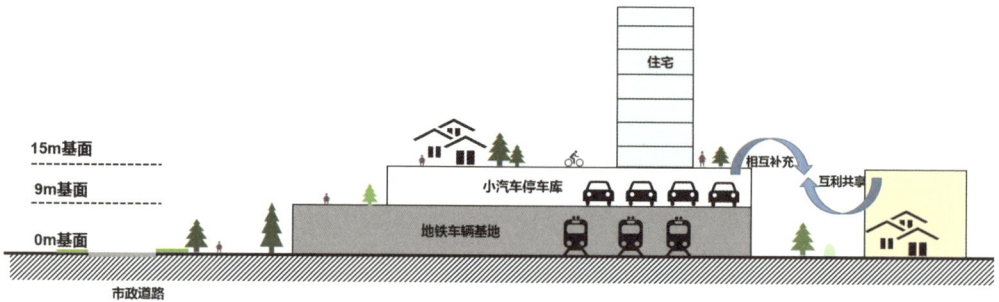

图 3-6　城市功能延伸分析

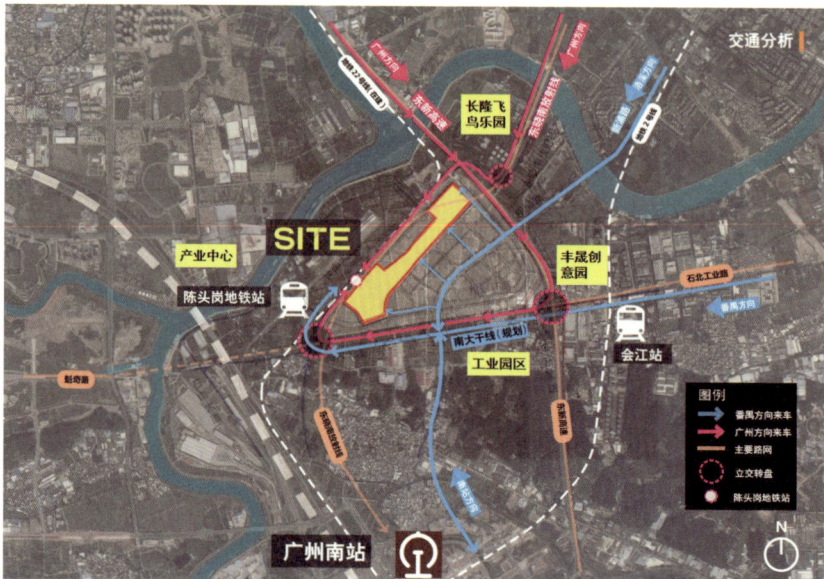

图 3-7　陈头岗车辆基地上盖开发地块周边道路环境配置

2. 结构转换层利用

结构转换层位于上盖物业下方（即 9m 标高下方），对上盖建筑的结构进行梁式转换。当上盖物业进行大面积建设时，通常利用此空间进行停车，主要作为上盖物业内部的停车库使用，在空间上连接上盖建筑。在结构空间允许的情况下，为了增加上盖开发空间的多样性，提升空间活力，在设计中也可将转换层搭配下沉广场设计，产生空间上的多维度空间变化。北京榆树庄车辆基地上盖开发项目设计中主要将结构转换层作为小汽车停车库使用，同时在上盖物业层设计了下沉小院，增加了空间多基面、多层次的变化和连接（图 3-8）。

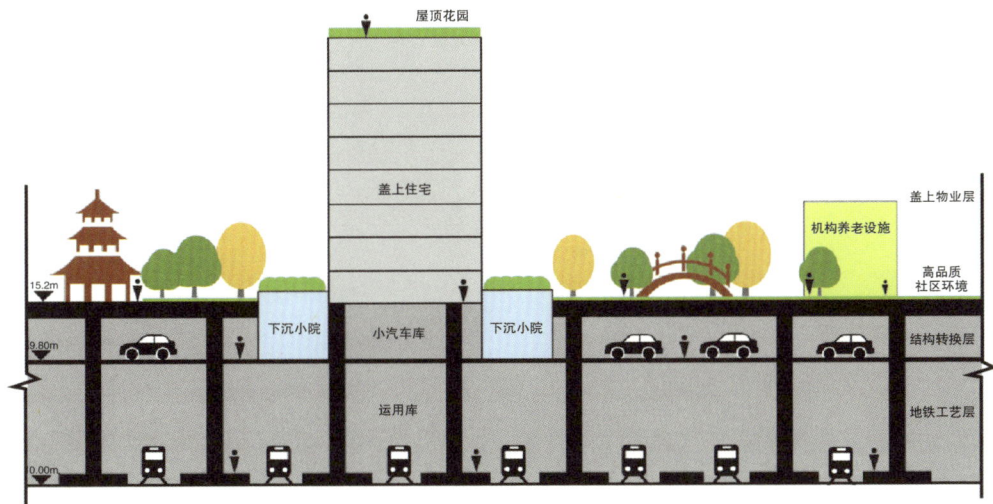

图 3-8　榆树庄车辆基地上盖开发多基面利用剖面图

3. 上盖物业多功能协同

　　我国大部分地铁车辆基地上盖物业开发时通常以居住型建筑为主导，为了满足上盖居民的生活需求，上盖物业对商业、教育、娱乐、游憩等公共服务配套设施一同开发，形式一个上盖生活综合体。部分地铁车辆基地根据项目的实际位置考虑，进行以商业为主要功能的开发，提升该区域的商业活力，带来经济发展。少量对已建成的车辆基地上盖进行二次开发时，采用公共设施或公共活动场地的开发，不影响现有基地的正常运行，并能优化区域环境（图 3-9）。广州市陈头岗车辆基地上盖开发功能主要由自持住宅、公建配套、幼儿园、中小学、商业会所及地铁综合楼共同组成，使开发区域功能复合化，增强盖上空间活力，满足多方面需求（图 3-10）。

　　对于上盖功能的配置和功能建筑的布置，可借助空间句法进行空间整合度、可见度深度等分析来确定上盖空间的布置合理性。利用空间句法对广州萝岗地铁车辆基地上盖开发空间进行整合度模拟分析（图 3-11），颜色越暖，说明空间整合度越高，则可达性越高，对人流的吸引力更强，即可能成为活力中心。从图上可以分析基地两个商业区，南邻里和北邻里商业区的可达性最高，活力度最高，因此在此设置商业是空间流线设计最合理的方案，能够提升上盖空间的活力。

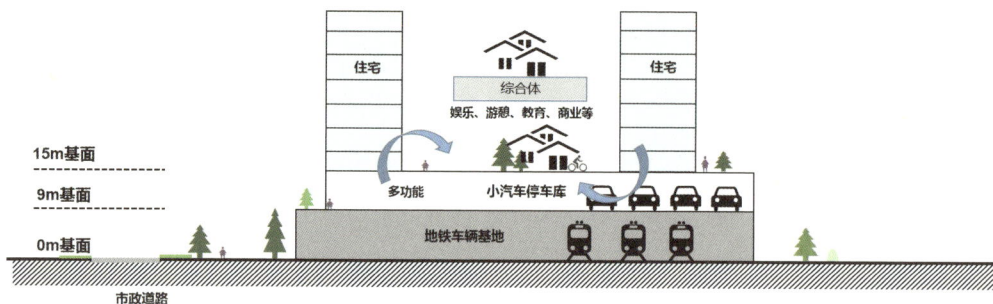

图 3-9　多功能协同分析

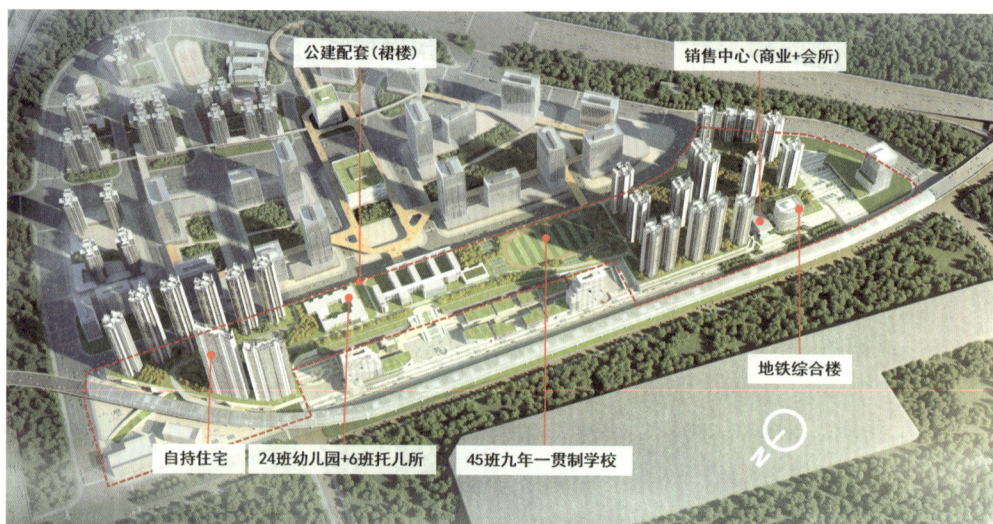

图 3-10　陈头岗车辆基地上盖开发上盖配套设施
来源：广州市越秀地产大湾区轨道交通开发公司

对于视线转角深度的分析，黄色方形处为 14m 基面社区出入口，以出入口为分析起点，颜色越暖，转角深度越大，需要经过较多次数的转折才能到达，对人流的引导性较弱。其上盖空间基本视线转角深度都较为开阔，说明其上盖空间具有良好的视线空间（图 3-12）。

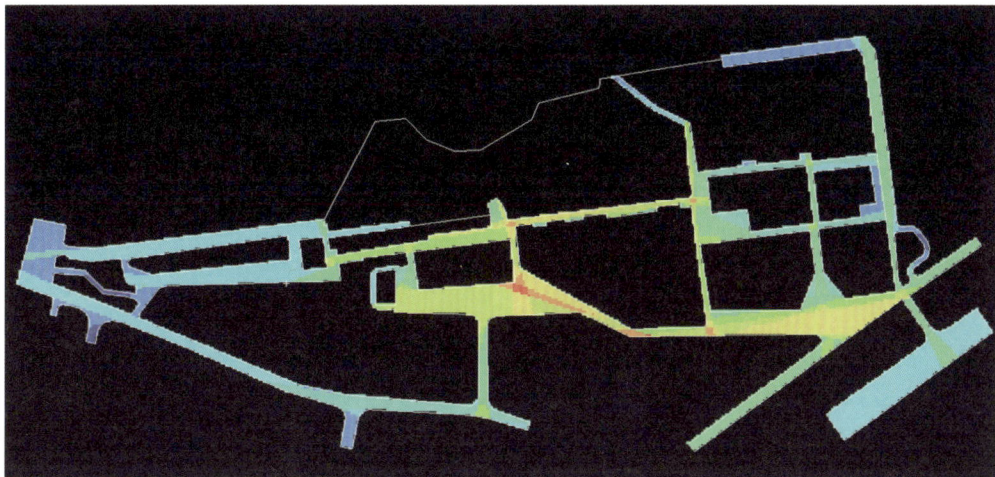

图 3-11　空间整合度

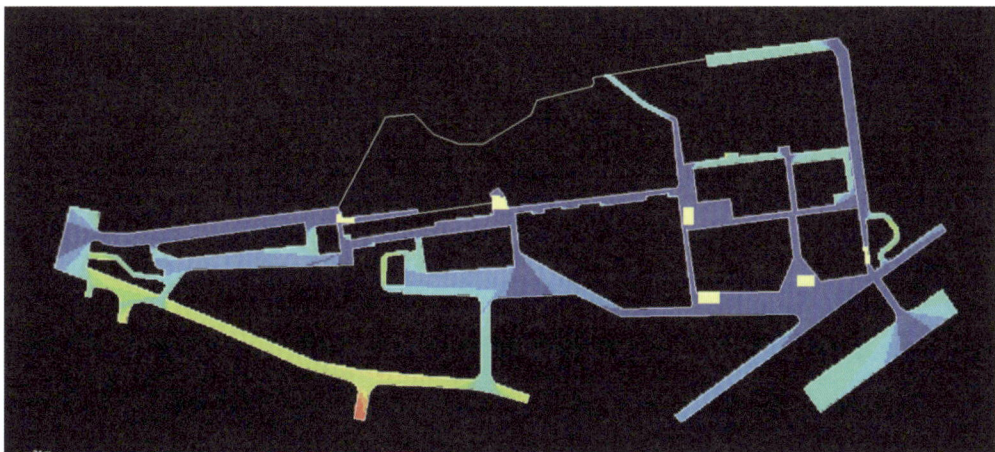

图 3-12　视线转角深度

3.1.3　上盖物业开发类型与布局

1. 上盖物业的开发类型

1）以居住主导的物业开发

以居住型为主导的地铁车辆基地开发是地铁上盖开发类型中最为普遍的，其特点是在上盖物业开发层建设大比例的以居住为目的建筑组群（图 3-13）。居住建筑对噪声振动要求较高，因此上盖开发中住宅建筑多开发在基地运用库上方。对于车辆

103

基地的投资开发来说，经济效益回报是地产开发投资的根本目的，以居住型为主导的地铁车辆基地开发能够保障消费效益的长期性和稳定性，为其他功能区域带来良好的人流基础，有助于各个区域职能的正常开展。固定的消费群里具有不同的消费需求，能够缩短市场培育期，降低运营成本，推动周边功能的"职住平衡"，最终提高区域活力，带来市场效益与资本回报。广州市水西地铁车辆基地上盖开发就是居住主导型开发项目，其总用地面积 87299m²，总建筑面积 338789m²，其中住宅建筑共有 9 栋，总面积高达 167364.64m²（图 3-14）。

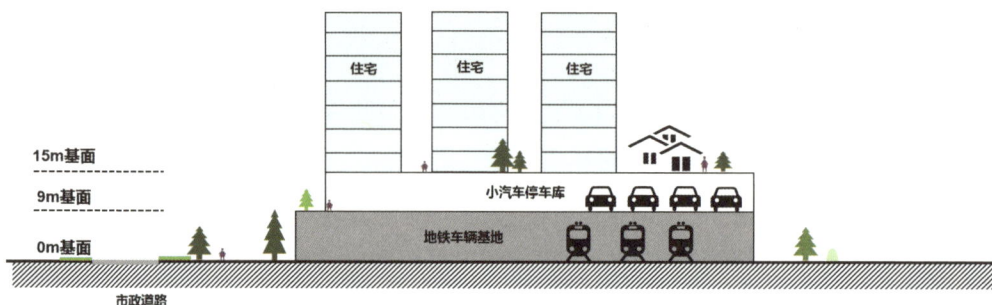

图 3-13 居住型主导分析

图 3-14 水西车辆基地居住主导型物业开发
来源：广州市越秀地产大湾区轨道交通开发公司

2）以商业主导的开发

以商业为主导的地铁车辆基地上盖物业开发，通常结合停车库空间共同设计一个独立的大型购物中心或者规模较大的商业综合体，盖上空间中商业功能的覆盖率达到 40% 以上，主要以休闲娱乐、商住型酒店以及办公等作为功能配套（图 3-15）。以商业为主导的地铁车辆基地开发通常与地铁站点的联系比较密切，能够充分利用地铁交通的人流客源，同时结合地块周边的城市住宅继而共生成为一个新的城市商圈，能够给周边地域带来更大的商机和发展机遇。上海青浦徐泾 17 号线徐盈路站地铁上盖开发万科天空之城规划集电影院、精品超市、酒吧、精品餐饮、儿童娱乐及早教等多元复合业态于一体的复合型商场，打造 7×24 小时不打烊体验式生活区，同时涵盖全维度立体绿化系统，阳光草坪、健身步道等（图 3-16）。

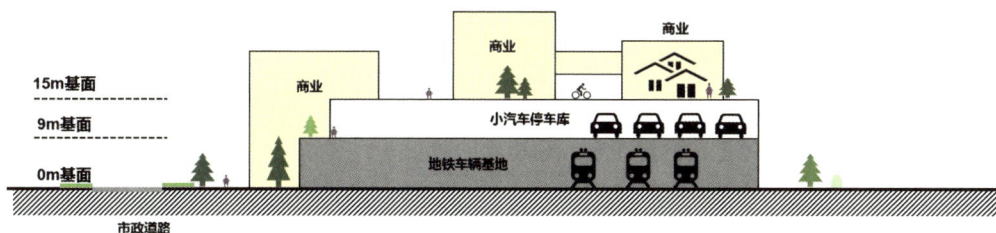

图 3-15　商业主导分析

图 3-16　徐盈车辆基地上盖开发天空之城效果

3) 公共服务设施主导的开发

以公共服务设施为主导的地铁车辆基地上盖物业开发通常以文化展览、体育以及公园等公共服务设施为主，对城市整体功能起到进一步完善的作用，能够提高周围地段的土地价值（图 3-17）。对位于城市中心且较早投入运营的车辆基地，由于其地理位置较好，但对人们的居住环境影响较大，二次开发较难，将这些车辆基地进行以绿化公园为主题的上盖物业二次开发，将这种消极型空间场地转化为亲和度较高的开放型空间，使车辆基地融入到城市中，消除城市空间的割裂。对于会展、文体等大型公共服务设施对空间的需求较大，并且相对来说开发强度比较低，因此车辆基地上盖开发在空间和结构上都能满足其功能要求，同时也能利用地铁的直达性优势提升区域活力，保证人们的可达性。例如，广州的厦滘车辆基地将上盖开发功能设计为集游憩、展览、绿地为一体的交通主题公园，为人们提供休闲、文化、锻炼、参观的公共型场所，形成城市的亮点景观（图 3-18）。

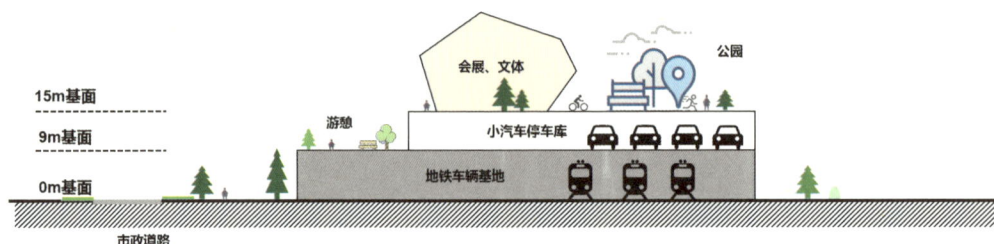

图 3-17　公共服务设施主导分析

图 3-18　厦滘车辆段主题公园总平面图
来源：参考文献 [57]

2. 上盖开发布局

1）中心围合式布局

中心围合式布局以地铁车辆基地上盖物业中心空间作为空间层次的重点，将建筑以中心空间为发散点进行围合式布局，使上盖空间形成一个具有聚合性、中心性的整体空间。围合式布局看似封闭实则是开敞式空间，在立体空间上能够使上盖物业具有有效的空间边界，让人们在基地上盖空间具有归属感和领域感。例如，深圳前海湾车辆基地上盖物业开发，高层建筑主要分布在基地边界，具有聚合性和空间界定感（图 3-19）。

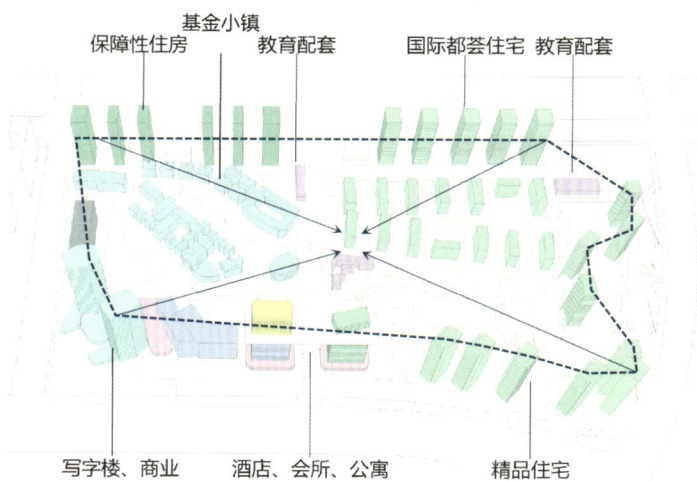

图 3-19　深圳前海湾车辆基地上盖开发中心围合式布局

2）轴线对称式布局

轴线对称式布局通常以基地出入段线为参考线，在地铁车辆基地上盖设计中以出入段线延伸线为主要轴线进行布局，以轴线为上盖物业设计重点，在轴线两侧进行相对对称式布局，两侧可相对延伸出不同的次要支线对局部进行变化布置，对两侧空间区域进行区分。轴线对称式布局能够使上盖空间流线清晰明确，空间层次具有主次之分，设计空间具有统一性和特殊性。北京五路地铁车辆基地上盖开发住宅建筑分成三排布置在运用库上方，中间一排与咽喉区上盖办公建筑形成一条轴线布置在上盖空间，使空间布局规整（图 3-20）。

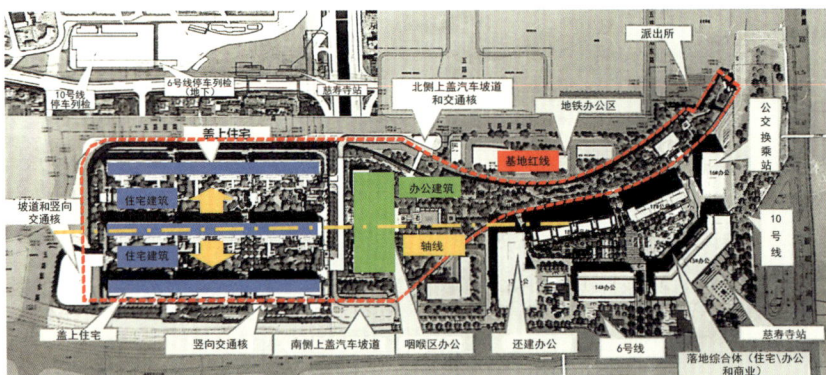

图 3-20 五路车辆基地上盖开发轴线对称式布局

3）循序渐进式布局

循序渐进式布局通常以地铁车辆基地上盖入口为起始点，引导人流逐步进入上盖物业，体验上盖空间不同主题的层次变化。以居住型为主导的上盖开发布局方式可以通过图书馆、商业建筑、景观花园等为起始，提高人们进入上盖空间的初始感受，提升人们的好感度。广州市水西地铁车辆基地上盖开发在主入口位置设计展示中心，进去上盖住宅区时通过展示区的过渡，形成住区内部景观空间，使空间产生虚实变化（图 3-21）。

图 3-21 水西车辆基地上盖开发循序渐进式布局

广州萝岗地铁车辆基地上盖物业开发以"城市天街"为灵感出发，以"一轴、四心、四组团"为规划结构（图 3-22），利用车辆基地出入段线的特殊功能和形态，其上盖设为进入上盖空间的主要出入口，并以出入段线的延长线设为上盖空间的主要轴线，引导人们循序渐进体验上盖空间的变化。以基地上盖社区图书馆为起点，经过文化艺术中心、北邻里商业中心到达上盖物业层社区空间。城市天街串联住区，将住区打开，以开放的姿态融入城市，沿线布置南北邻里商业中心等配套和公共活动场所，打造具有标志性的城市天街（图 3-23）。

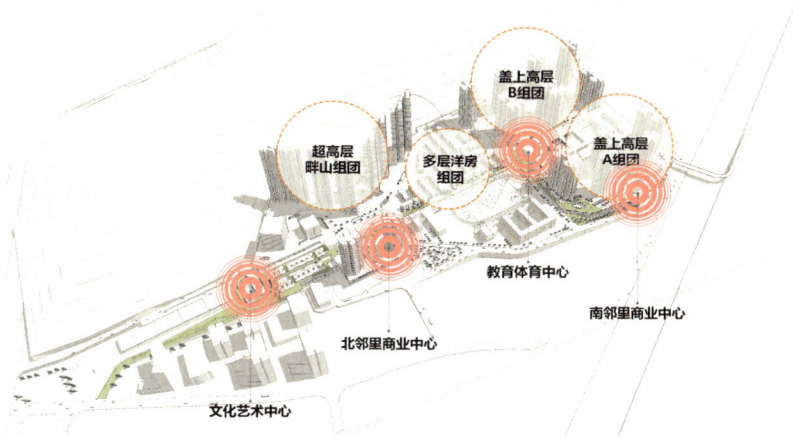

图 3-22　萝岗车辆基地上盖开发"一轴、四心、四组团"
来源：广州市越秀地产大湾区轨道交通开发公司

图 3-23　萝岗车辆基地上盖开发城市天街效果
来源：广州市越秀地产大湾区轨道交通开发公司

3.2 上盖交通流线组织

地铁车辆基地上盖物业的开发增加了区域活力，集聚效应使得上盖的人员也趋于密集，人们的出行方式不同、需求不同，同时上盖的基面较多，因此产生的人行流线、车行流线数量较多，具有交通组织上的复杂性。

平台模式综合开发车辆基地交通流线设计的重点在于组织好各类交通流线之间的关系，使其能够形成有机整体，互不干扰、快捷高效。在交通流线设计中应梳理：水平方向上盖物业与车辆基地内部交通组织关系；地铁站点与车辆基地的交通关系以及综合开发区、办公区、落地区等功能区域与城市交通的衔接关系；竖向上主要解决地铁站点、市政道路、盖上大平台、结构转换层等不同标高的垂直交通关系；盖上与盖下交通流线、落地开发区与上盖开发区流线都需要分别单独组织；实现公交、出租车、私家车等与地铁站点之间的"无缝连接"和快捷换乘，形成完整连续的公共交通网络，设立"P+R"停车场，使公共交通与个人交通有过渡区域；上盖物业内部交通流线应与景观绿化结合设计，提升交通空间品质。在 4.0 时代地铁车辆基地上盖开发中，交通流线设计分别对车行交通流线设计、慢行交通流线设计和消防疏散流线设计三个方面提出设计策略（图 3-24）。

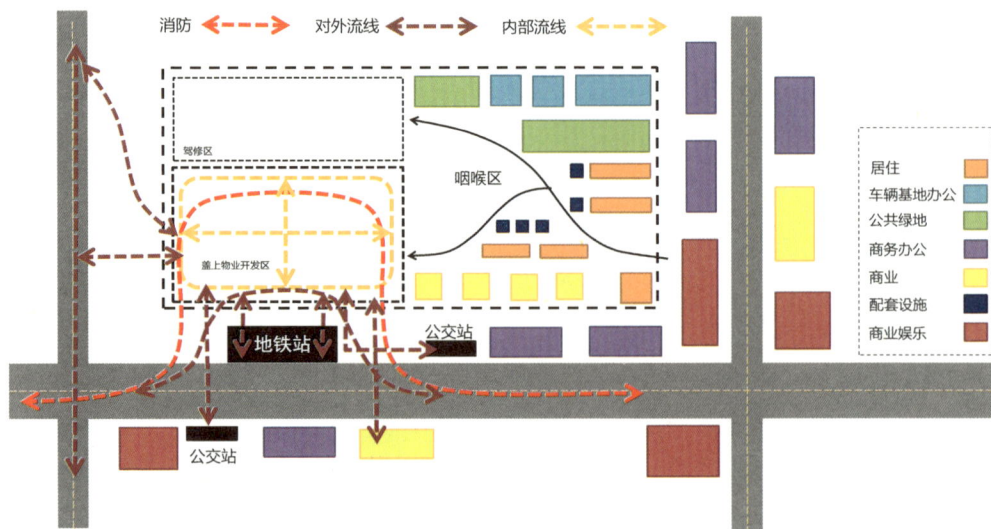

图 3-24 地铁车辆基地上盖开发交通组织平面示意图

3.2.1　车行交通流线组织

地铁车辆基地上盖开发交通组织包括内部交通和对外交通两方面。内部交通需做到人车分流，人行流线与车行流线互不干扰。同时上盖人行流线需要对各个基面进行协同处理，各基面之间需顺畅沟通。对外交通主要是盖上车行流线与周边城市道路的衔接。

1. 市政路与基地上跨下穿

地铁车辆基地上盖开发项目的交通核心通常在停车基面，其承载上盖与市政设施衔接的基面。可利用"上跨"或"下穿"的道路衔接方式，在保留原有城市道路系统基础上建设综合体，将高架道路引入停车基面。

"上跨"即在地铁列检库上方建设城市高架路，将城市道路引入上盖综合体，即为贯穿模式。在贯穿模式下，私家车通过城市道路直接进入交通层停车场，而城市公共交通用车（公交车、出租车、公共自行车等）直接在交通层市政道路上设置站点与停靠点，盖上区域面积太大也可在此设置盖上公共交通站点（公交车等），方便内部与外部人流的疏散与到达。此组织模式虽对盖上人流组织有一定便利，但其与地铁车站之间关系较弱，无法形成较统一的车辆基地外部交通体系。道路直接穿过平台物业交通层的贯穿横式多在上盖物业体量与占地十分巨大，且城市道路不得不通过时应用，虽然有利于车流人流的快速疏散，但同时也对上盖物业环境造成一系列干扰（图 3-25）。"下穿"即在地铁列检库下方建设隧道，取代原有城市道路通行车辆。（图 3-26）[58]。

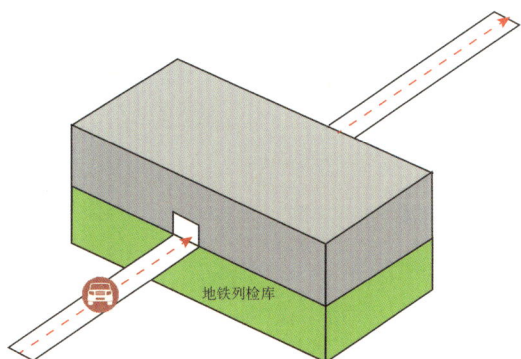

图 3-25　上跨模式　　　　　　　　图 3-26　下穿模式

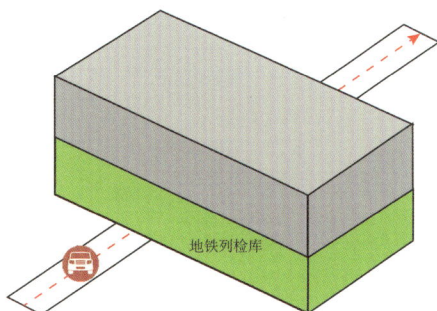

2. 内部车行基面组织

内部交通流线设计分为竖向与水平两个方面。依据平台模式车辆基地的特点，在竖向上分为 0m、9m、15m 三个标高层的基本界面，其中明确的标高是指这一基本界面在平台模式车辆基地上盖开发中较为普遍的高度（图 3-27）。

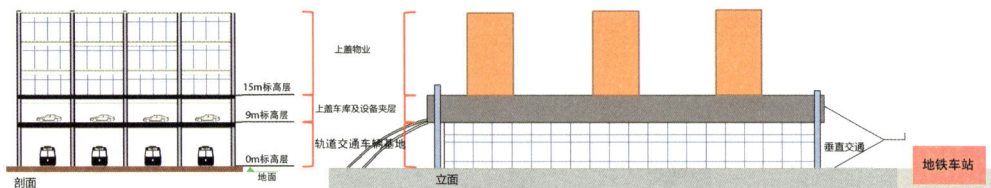

图 3-27　0m、9m、15m 三个标高层的基本界面示意图

1）0m（地坪层）：明确区分各区域流线与各类交通出入口

平台模式下的地铁车辆基地，0m 标高层包含车辆基地盖下功能区、落地开发区等车辆基地功能区与上盖物业车流、人流、消防车辆等的出入口。车辆基地功能区域与上盖物业交通区域应明确区分，车行入口与人行入口要有一定距离，避免干扰，在建设车行坡道时还应与路桥专业配合，选择符合起坡长度要求的路线与基地引入点。深圳蛇口车辆基地的地坪层就一道隔墙对基本功能区域、开发区域进行了区分，车辆基地有两个独立的车行出入口与主要道路联系，分别在城市主干道兴海大道与松湖支路上安排车行出入口，保证一个上盖开发区域有两个车行出入口，对人流入口与车行入口也进行了区分（图 3-28）。

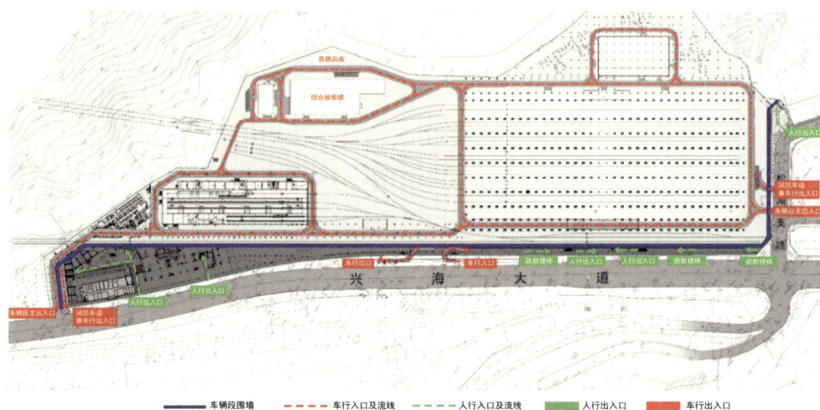

图 3-28　深圳蛇口西车辆基地地坪层交通组织分析
来源：北京城建设计研究总院

2）9m（结构转换、停车层）：人、车明确分流，上下联系顺畅

9m 标高层在平台模式车辆基地中为结构转换层与上盖物业停车库层，最重要的为停车流线组织，对停车区域设置为多个回环停车区域，满足其出入口设计和防火分区面积要求。本层面人行流线组织需要与车行分割开，并且设置平台和竖向交通要素与 15m 标高层进行联系。城市道路贯穿车辆基地，可在此层合理设置公交站与出租车落客区。深圳蛇口车辆基地本层中人车分流明显，并且其将一部分区域作为配套设施与人行流线联系起来，人行流向起始与结束两个广场的设计加快了人流疏散，创造更优质多样化的上盖物业空间（图 3-29）。

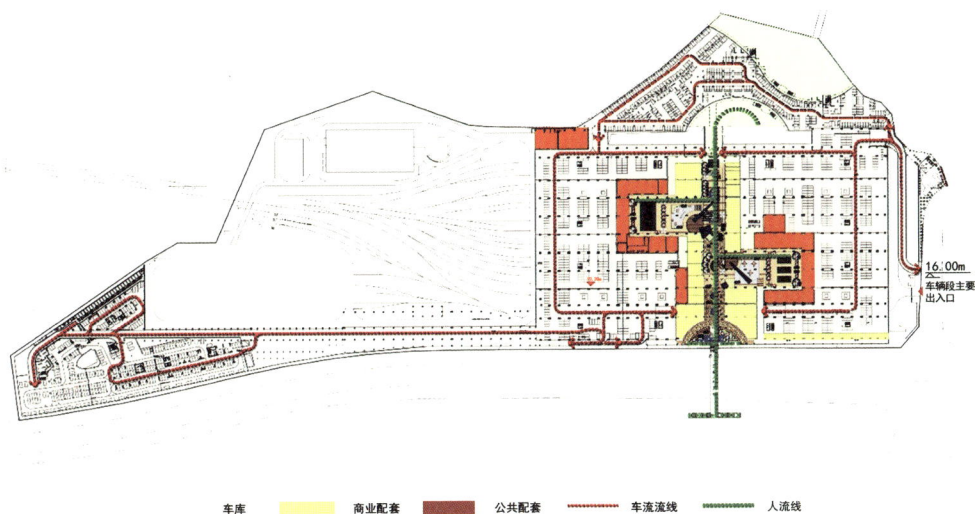

图 3-29　深圳蛇口西车辆基地停车层交通流线分析
来源：北京城建设计研究总院

3）15m（上盖物业层）：人、车流线互不干扰，与景观交互设计

本层为上盖物业层，交通组织主要为车行与人行的组织，两种流线尽量不要交叉。车行流线在本层主要为消防通道和货运通道，平时状态下机动车不在平台上运行，如果盖上面积巨大，可设置电瓶车线路和公共自行车租赁点满足平台上交通需求。人行流线较为集中，应与盖上带状景观带或景观节点形成联系，竖向交通要素应均匀和有重点的进行设置，并与广场、平台等开阔空间相结合。深圳蛇口车辆基地在本层车行、人行流线清晰，没有形成干扰，并且人行主要流线与中央景观轴线重合，造成复合空间，上下两层的人行空间形成整个上盖物业开发的主轴（图 3-30）。

113

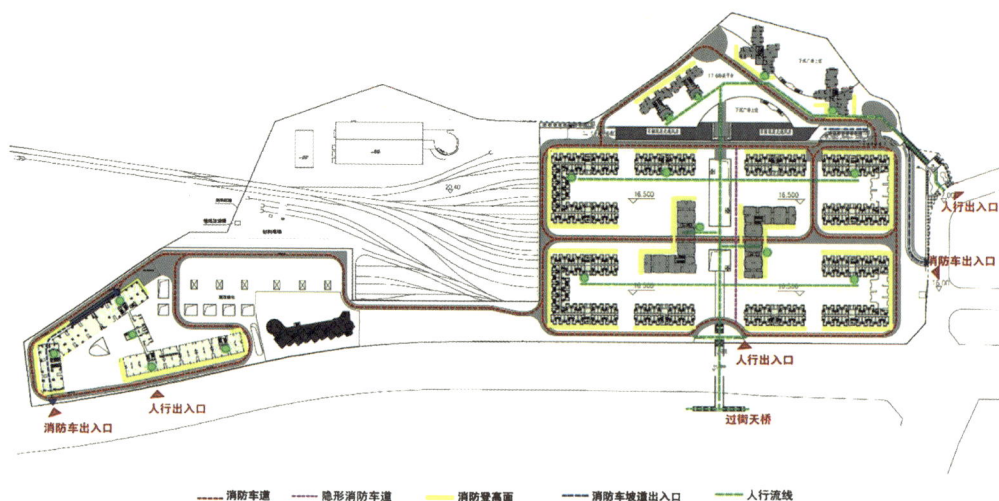

图 3-30　深圳蛇口车辆基地上盖物业层交通组织分析
来源：北京城建设计研究总院

3. 公共交通便利性原则

在地铁车辆基地开发空间较为宽裕时，通常为了解决公交、出租车等公共交通安置问题，设计通常也在 9m 基面与城市道路连接处以及上盖物业出入口周边安置公共交通站点，即走即停式快速流线既不阻碍交通，又能满足盖上居民的出行要求。地铁站点的设置，基于车辆基地的便利条件，可考虑将站点与上盖物业出入口相结合，便于人们出行。在配合上盖功能设计时，会增加一些校车、电瓶车等类型车辆安置站点，还需要配合学校功能所在基面对行驶流向进行设计。广州陈头岗车辆基地上盖开发由于车行类型较多，基地面积有限，因此在车行流线规划设计策略中采用"共享车道 + 双向可变"的组织方式。"共享车道"是指不同性质车辆共同使用同一车道。"双向可变"指车辆在车库进出的组织方式可以根据高峰时做调整（图 3-31）[59]。

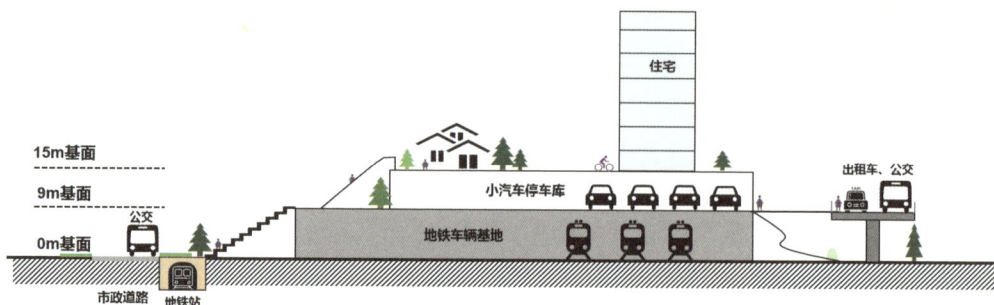

图 3-31　公共交通

3.2.2　慢行交通流线组织

地铁车辆基地上盖开发的人行流线是通过合理的规划把不同性质的步行人流组织到垂直方向的不同层面中，又用垂直交通工具使之相互联系[60]。相较于车行流线，人行流线更为复杂，可分为主干与支干。主干为上盖物业内部的主要道路和从基地周边可达上盖物业的流线，通常用坡道、楼梯、电梯、天桥等进行解决高差问题，支干为上盖物业内部的支路、小路等。人行流线的设计不仅要减少对地面交通的影响，而且要增加其功能上的便利性、直达性，以及优化流线周边的景观环境，确保人们的体感和视感的舒适度（图 3-32）。

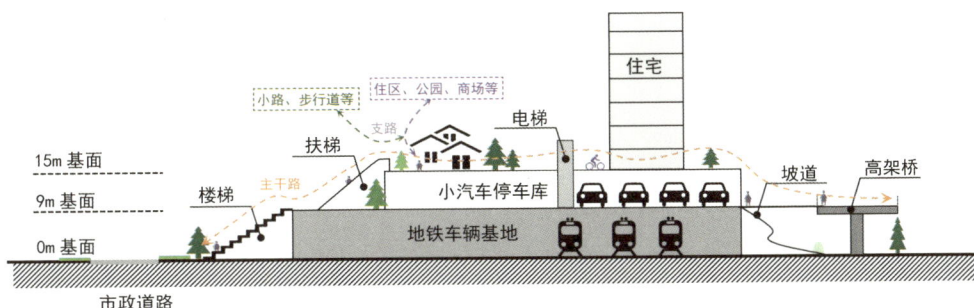

图 3-32　人行流线图

1. 地铁站域连通上盖慢行

地铁车辆基地上盖开发最大的优势是紧邻地铁站，对于地铁轨道交通发达的城市，人们出行对于地铁的依赖性越强。在选择居住区时，更偏向于邻近交通节点的住区，因此邻近地铁的住宅开发更需要考虑人们步行到达地铁站的便利性。"地铁车站 + 上盖物业"模式越来越成为主流，其具有不可比拟的集合化优势，具有提高上盖物业的开发收益、提供周边物业稳定人流、节约用地等优势。在此开发模式下，以地铁站与车辆基地空间距离为标准，有两种组织方式：即通过一定交通要素进行联系的毗邻式，以及与车辆基地相结合的一体式。

1）毗邻式

毗邻式一般与车辆基地的距离较远，地铁站更有独立性，与其他外部交通能较好的整合，能够给予周边物业发展更积极地影响，国内大多使用此种方式组织上盖物业与地铁站的交通关系（图 3-33）。

（a）

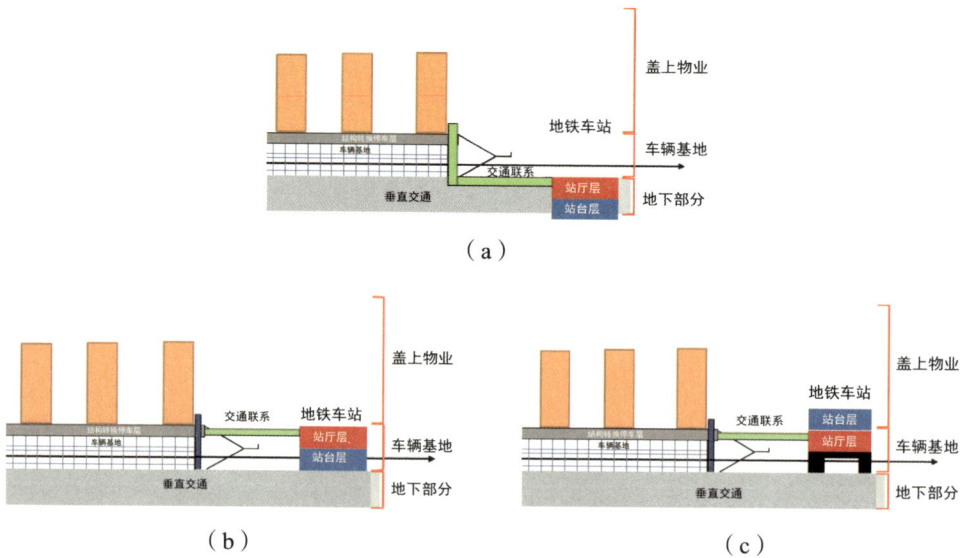

（b） （c）

图 3-33 地铁站与车辆基地毗邻式示意图
（a）地下车站；（b）地面车站；（c）高架车站

2）一体式

一体式多在城市核心区或者土地价值较高地区应用，其可达性更强，能够提升上盖物业自身价值。通向地铁站的慢行道路设计可与商业、景观、公园、活动场地联动设计，保障路线便利、通达的同时增强趣味性和观察性（图 3-34）。广州水西地铁车辆基地上盖开发将地铁站和上盖物业进行了双流线联动设计，第一条流线为直接贯穿，即穿过车库直达地铁站；另一条流线经过次入口连接步行街再进入地铁出入口（图 3-35）。

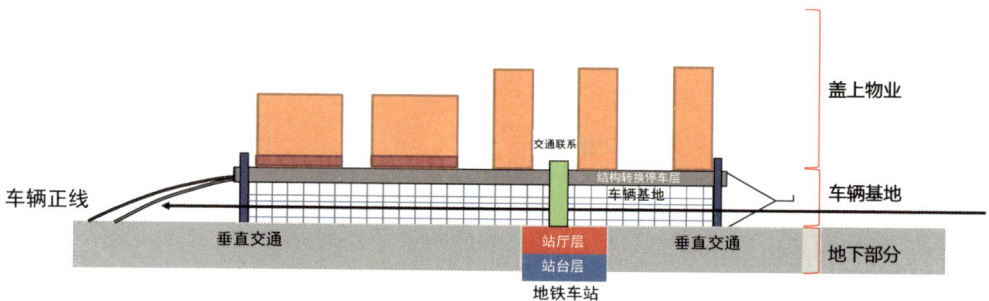

图 3-34 地铁站与车辆基地一体式示意图

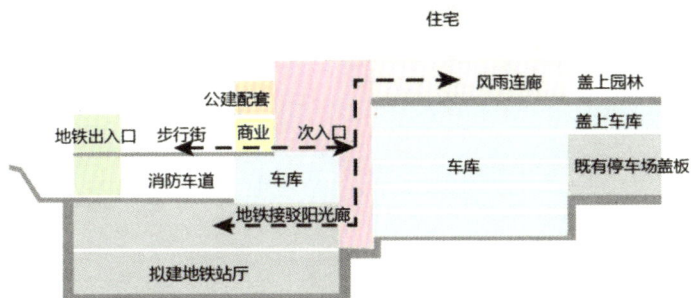

图 3-35　水西车辆基地上盖开发直达地铁站分析
来源：广州市越秀地产大湾区轨道交通开发公司

2. 序列可达性

地铁车辆基地上盖开发人流由基地外部空间进入盖上内部空间，根据人流从外部空间过渡到内部空间的起始点的不同将空间序列进行分类：地下起始序列、地面起始序列、高架起始序列。

1）地下起始序列

此序列起始于地下轨道交通站点，经过地下连廊、中庭等车辆基地上盖物业的外部空间进入过渡空间，多为交通属性空间，将人流从地下输送至上盖内部空间，此空间序列可以为室内空间序列。此序列外部空间为出地铁站点后与车辆基地过渡空间相联系的地下通廊，需要增强其引导特性，丰富空间内容与变化，增加一定便民功能；过渡空间在地下起始，人流经直梯、扶梯送至地面通过地面过渡空间相同空间序列到达盖上，或与具有商业等功能的地下过渡空间相联系，经过空间转换到达内部空间（图 3-36）。

2）地面起始序列

地面起始序列是指空间感知主体从地坪层开始感知地铁车辆基地上盖外部空间，主要是通过车辆基地的沿街界面限定的空间，到达外部空间与过渡空间在地坪层的空间节点，多为景观或功能建筑围合的广场，经过坡道、楼梯、多层次平台或景观阶梯直达盖上空间。此空间序列在室外构成，序列起始空间是盖上居民距离最近地坪层外部空间，应加强此序列起始空间的基本品质与引导性，与城市景观相结合创造高品质的外部空间，增强区域整体活力；此序列过渡空间以地坪层空间节点为始，以盖上空间节点为止，空间主要承担引导向上的功能，可运用多重空间元素并与景

117

观、功能建筑相结合进行过渡引导（图 3-37）。

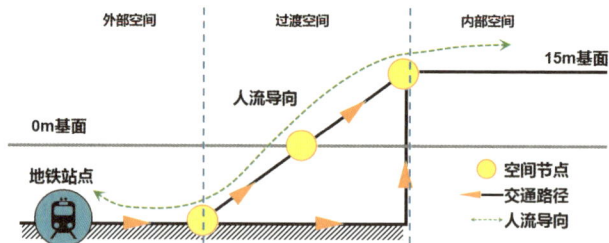

图 3-36　地下起始序列

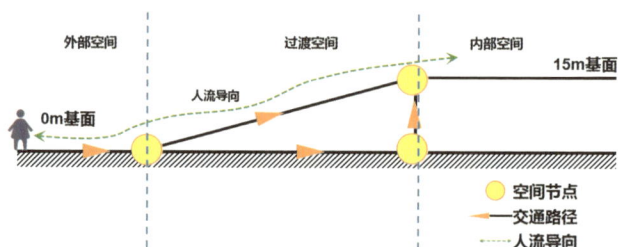

图 3-37　地面起始序列

3）高架起始序列

　　高架起始序列的产生主要是以最直观的方式去解决上盖物业与周边道路的高差问题，根据道路高度通过高架桥、过街天桥的高差太高，进行与上盖物业 9m 基面相连接的设计，引导人流和车流进入此基面。这类空间序列通常位于室外，多数是线性空间，为了突出起始空间的标志性，通常在起始点处设计休闲平台、沿街商业或者艺术通廊等，用景观坡道、景观台阶的方式进行过渡使得行驶流线到达上盖物业内部空间（图 3-38）。

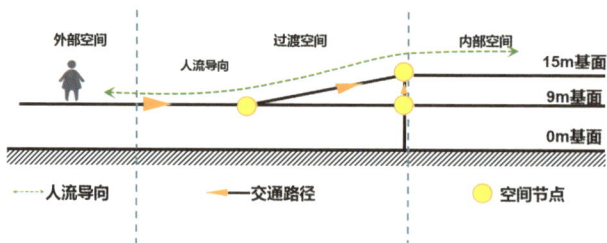

图 3-38　高架起始序列

4）内部空间慢行系统

慢行系统是步行或自行车等以人力为空间移动动力的交通系统，主要是通过人为主体的慢行行为。慢行系统的景观配套不仅仅包含慢行路径，还包括了慢行系统沿线的空间环境[61]。地铁车辆基地上盖物业空间设计慢行系统，可将自然环境、人文环境、社会环境三者有机的结合起来，可为居民创造健康、友好的生活环境[62]。将慢行路网进行环形闭合设计，避免产生端路；避免与机动车道产生交叉造成安全问题；慢行路网尽量覆盖整个上盖物业，提高居民出行的便利性。榆树庄车辆基地上盖物业开发针对慢行系统设计林荫步行流线、景观性步行流线、功能性步行流线，并设计垂直电梯和自动扶梯解决盖上盖下高差的连接问题，满足盖上居民与外部交通系统的衔接，增强对地块外空间的可达性（图 3-39）。

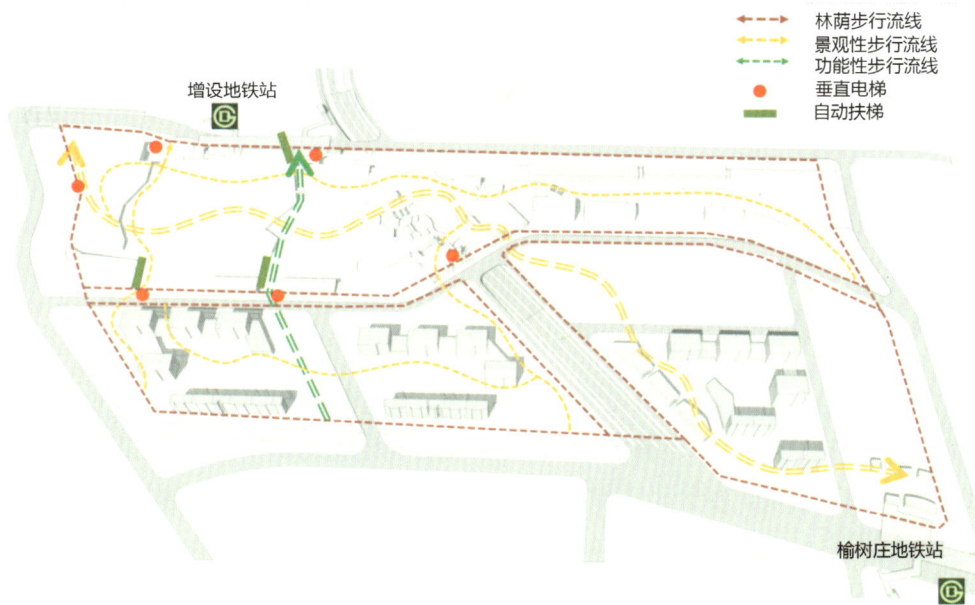

图 3-39　榆树庄车辆基地盖上慢行系统
来源：北京市基础设施投资有限公司

3. 外部步行衔接模式

外部交通组织中的步行交通组织就是步行人流从车辆基地外部进入上盖开发部分衔接模式的组织，分为竖向组织、横向组织和特异组织模式。竖向组织主要是通过电梯、坡道、楼梯和电扶梯等上盖物业周边的竖向交通元素进行联系，将车辆基地各标高层进行联系，形成完整的竖向步行交通组织（图 3-40）；横向交通组织主要通过水平空间交通元素使上盖物业与周边建筑或地铁车站发生联系，过街天桥、连廊等条式连接元素具有很强的引导性，加快人流流动速度，人行平台等面状连接元素可丰富盖上景观，加强上盖物业开发品质（图 3-41）；特异组织模式有从地坪层用人行大斜坡和景观大阶梯等直接联系到物业层，这种方式与城市联系紧密，但运用较少，仅在特殊地形及有特殊要求情况下运用。

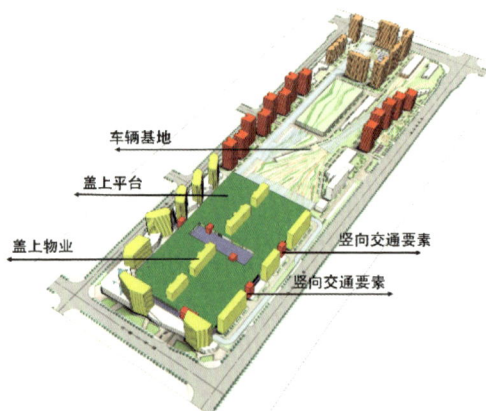

图 3-40　步行竖向交通组织　　　　图 3-41　步行连廊水平交通组织

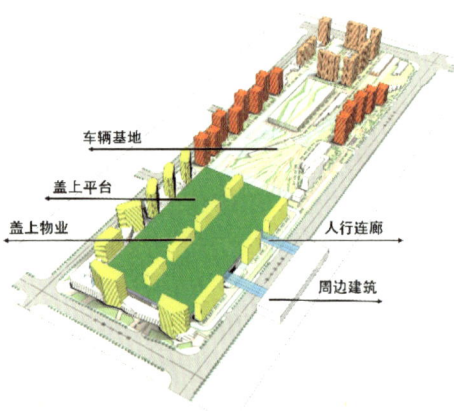

3.2.3　消防疏散流线组织

由于地铁车辆基地上盖开发空间层次较多，要分别考虑到每个空间层次的消防安全、消防疏散等问题。上盖物业和白地开发各民用建筑要符合《建筑设计防火规范》，消防车道的设计要保证设计的合理性和各个层面的可达性，同时部分消防车道的上空要确保采光排烟天井的设计，保证消防车道的安全性，消防流线应结合消防设施，考虑结构转换层与上盖物业层确保消防车辆的可达性以及消防设计的合理性。上盖物业要均匀布置对外交通，能够保障火灾发生时，各区域人员及时撤离（图 3-42）[63]。上盖物业建筑火灾报警系统应与盖下基地分开独立设置。广州萝岗地铁车辆基地住宅区的消防，可从白地的超高层住宅区延伸至上盖物业的高层住宅区，形成完整的消防流线，并且连接市政道路，保障了住宅的消防安全（图 3-43）。

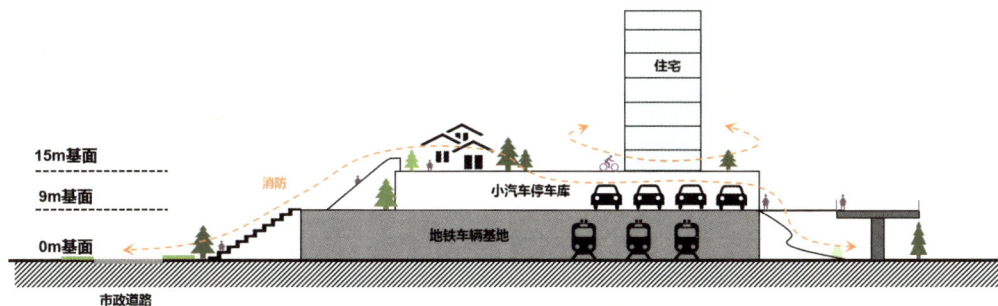

图 3-42　消防分析

图 3-43　广州萝岗车辆基地上盖开发居住区消防流线
来源：广州市越秀地产大湾区轨道交通开发公司

3.3 上盖建筑空间形态融合

3.3.1　形态体量消融弱化

1. 利用退台式消解建筑体量

地铁车辆基地在连接周边市政道路时，会通过设计坡道、楼梯、电梯等方式解决高差问题。高度差较小时，可设计楼梯并搭配景观进行处理；高度差较大时，对部分地铁车辆基地上盖功能进行布置，可利用建筑功能空间进行层层退台过渡的做法（图3-44）。

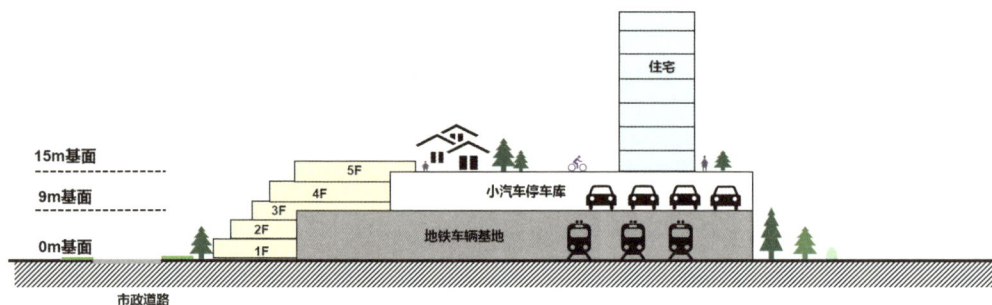

图 3-44　退台式消解分析

广州萝岗地铁车辆基地南侧的南邻里商业中心贴近基地边缘白地处进行建设，将沿街面处理成梯段式退台建筑，利用扶梯连接到达每层的屋顶空间。这种在空间上将建筑按层数进行分解的形式，可以在空间上形成错落感，视觉上减少大体量的压迫感。该项目为了使配套商业的建设消隐掉基地空间体量，南邻里商业中心以消失的高台为设计理念，运用绿植墙、灰空间连廊、退台建筑等手法，让商业空间更加丰富活跃，更让建筑与城市界面形成友好的衔接，城市的界面更加的丰富有趣（图3-45）。

图 3-45　广州萝岗车辆基地上盖开发南邻里中心效果图
来源：广州市越秀地产大湾区轨道交通开发公司

2. 体量边缘建筑贴建

地铁车辆基地上盖物业开发设计中，由于上盖物业开发用地范围比较大，尤其是沿街界面高大、生硬，往往可以通过在红线范围内贴建配套设施的方法，将庞大的基地体量隐藏在周边建筑群体当中，从而消除基地的边缘体量。通过在基地红线内沿街建设具有一定高度的功能建筑，在服务盖上居民的同时对基地边缘和体量进行隐藏（图 3-46）。广州萝岗地铁车辆基地上盖开发将沿街的邻里商业中心打造成集公交接驳、公建配套、商业于一体的复合型邻里中心，塑造多样性的生活休闲场所，邻里中心的外立面设计，结合公建化方向设置，展示车辆段城市界面的统一，对基地界面和消隐基地体量起到了融合的作用（图 3-47）。

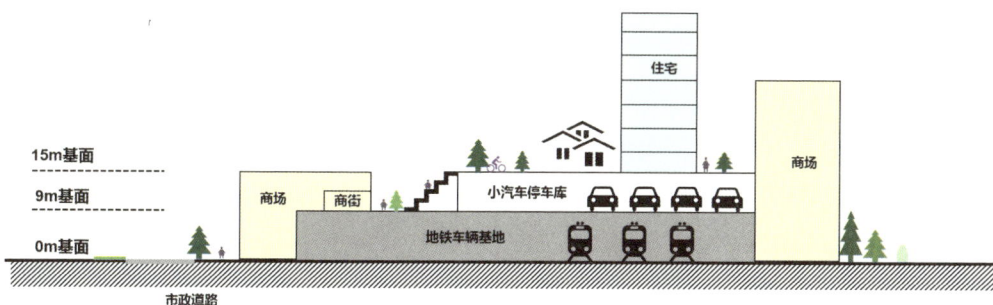

图 3-46 体量边缘建筑分析

图 3-47 广州萝岗车辆基地上盖开发北邻里商业中心
来源：广州市越秀地产大湾区轨道交通开发公司

123

3. 空间体量虚实对比

在对地铁车辆基地进行建设时，基本上对除必要出入口、开窗以外的立面进行实体处理，减少门窗洞口的处理，避免内部工作噪声以及粉尘对室外环境的影响。上盖物业开发时，在考虑消隐基地本身体量的同时，也要考虑上盖物业建成后，对基地立面的虚实处理，构建必要的开放性空间、半开放性空间同基地结合，在实体结构之上打造虚空间，平衡立面效果。利用基地本身体量结构同周边设施、交通空间、景观环境联合设计，利用基地外延空间打造虚空间，弱化实体体量的存在感（图 3-48）[64]。广州官湖地铁车辆基地上盖物业开发在立面入口处建立空间构架，打造虚空间并与周边建筑形成对比，立面处理有虚有实，半开放性空间将城市空间引入，让城市界面与基地空间相互响应（图 3-49）。

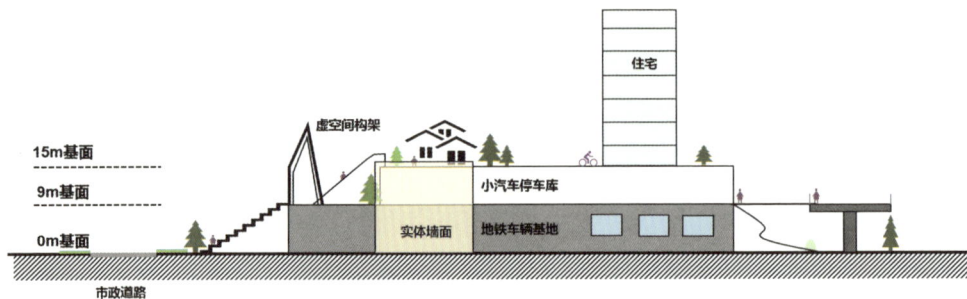

图 3-48　立面虚实分析

图 3-49　广州官湖车辆基地上盖开发基地立面虚实空间

3.3.2　天际线多样化呈现

1. 城市风貌统一

　　城市风貌指城市自身最大景观特点，如山城、海滨城市、山水城市、花园城市等，在设计过程中对于整体设计影响较小，但与城市特点契合也是一个可以使用的设计要素与切入点，对空间布局、功能排布、形体组合等都有影响。城市风貌是由城市中的物质环境风貌和非物质环境风貌共同来表现的[65]。上盖物业的开发要保障其在城市空间的融合度，保持同城市风貌一致性，在基地空间个体上，突出其区域的特色特征。新建的地铁车辆基地上盖开发应注重与周边传统建筑的风格衔接，在空间、尺度、形式上取得一定的统一，包括在基地设计中，保证城市建筑形态的健康美观、建筑色彩风格的协调、场地环境的和谐自然、优化区域夜景的灯光照明，使城市环境得到提升，对城市经济发展起到推动的作用。如香港将军澳车辆厂上的日出康城项目，依山傍水，在整体规划中全面关注区域景观要素进行设计，将上盖景观与城市周边景观融为一体（图 3-50 ）。

（a）　　　　　　　　　　　　　　　　　　（b）

图 3-50　香港日出康城项目与城市风貌的融合
（a）日出康城平面图;（b）日出康城实景图

2. 天际线衔接

　　城市区域内的建筑轮廓线是城市区域内最具吸引力的建筑景观形态，其体现出建筑群落的整体性，是与周边自然环境对立交融的具体体现，其能够与周边环境形成呼应亦是最突出的人工景观。盖上建筑的高度组合应遵循一定秩序，形成错落有致、层次分明的视觉景观。上盖开发车辆基地建筑天际线的确定需要根据周边具体环境，进行具体性分析：在周边没有山体、高层建筑的条件下，其天际线轮廓应根据整体开发功能区的区别进行重置，丰富周边城市景观；如果存在山体与建筑，应尽量使得建筑天际线不遮挡山体景观与周边建筑有一定整体性或者层次感。

在深圳长圳站区域设计中以商业区为高点依次降阶布置，充分显示出其作为核心商业的分区特色，同时通过对长圳站地区建筑整体形象高低虚实的有序处理，赋予整个地区的天际线以韵律和节奏的变化（图 3-51）。

3. 建筑层次变化

在建筑群体形体组合中，应注意建筑前后的层次关系，形成错落有致的建筑群体，能够提升整体的空间环境品质，提升建筑群体内部住宅的外部景观品质与采光、通风能力等。对于上盖开发车辆基地，其建筑群前后层次关系多通过建筑群体的高度与前后关系的互动变化形成的（图 3-52）。杭州七堡车辆段上盖开发居住建筑高度在 20~50m，落地区建筑高度在 10~75m，整体核心区建筑最高，形成视线集中区域，落地区两侧建筑高度从用地边缘到核心塔楼方向呈降低趋势，突出核心区域，上盖开发区域整体高度有一定变化，形成整体错落有致、核心突出、层次分明的建筑群体形体组合方案（图 3-53）。

（a）

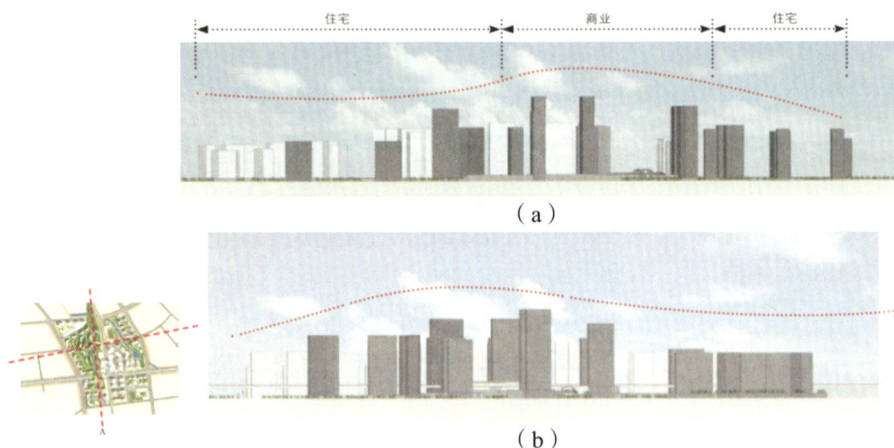

（b）

图 3-51　深圳长圳站区域天际线设计
来源：深圳轨道交通三期 6 号线沿线物业综合开发研究

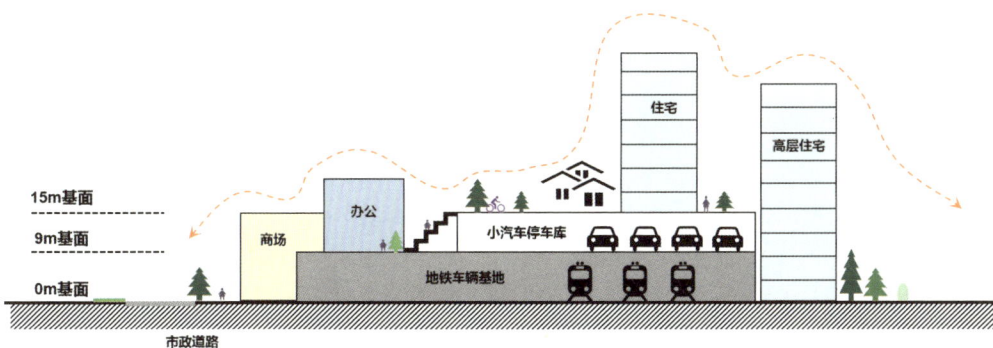

图 3-52　建筑层次分析

　　广州萝岗地铁车辆基地上盖开发择址在科学城约 1350 亩植树公园旁，植树公园北高南低，依山傍水，自然条件极其优越。园内坐拥约 4300m^2 的格桑花海，树木 6000 多株、品种 19 类，内揽 6hm^2 人工湖，各类乔木、灌木及水生植物不胜其数，被称为"都市森林氧吧"。设计在高度上通过建设 48 层超高层组团和 33 层盖上高层组团，提升社区居民视角，减小视线干扰；建筑形态上的堆叠、拉伸、退台等手法，视线干扰较小，以让每家每户都能达到开窗见景的效果（图 3-54）。

图 3-53　杭州七堡车辆段鸟瞰效果图

来源：AREP

图 3-54　广州萝岗车辆基地上盖开发植树公园实景图

3.3.3　界面层次消解分化

1. 单基面向多基面融合

以地铁车辆基地作为上盖开发空间基础，基地基面面积空间最大，也是上盖开发所要解决的根本问题，基于结构空间的考虑，结构转换层的布置不能完全对基地上盖进行结构转换，面积上进行缩减。在对上盖物业开发的空间进行布置时应将结构转换层面积进行充分利用，并通过多种方式将基地空间藏于上盖设计中，从平面上对基地进行覆盖和分解，从立面上对界面进行层次处理和弱化，达到隐藏基地空间和美化城市空间的作用（图 3-55）。

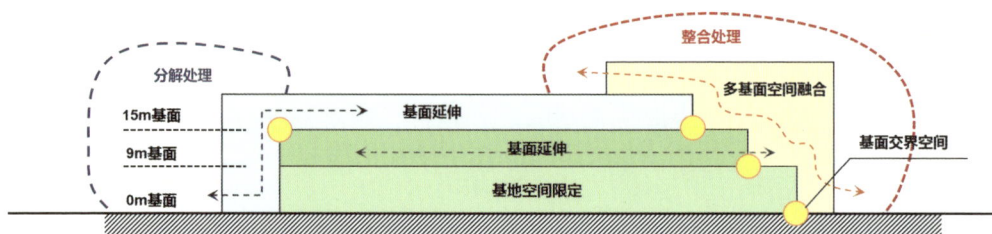

图 3-55　界面分解整合处理分析

2. 公共性向私密性过渡

公共空间是住区居民进行社会交往的主要场所，私有空间则满足居民的安全感与私密性。在开放住区的规划中，为满足居民心理需求的空间层次，形成私密、半

私密、半公共与公共的空间[66]。地铁车辆基地按基面区分，车辆基地空间为地铁停车的私密性办公空间，盖上的结构转换层以及上盖物业层根据功能流线设计的不同，进行具体分析，部分车辆基地结构转化层设计停车场作为上盖物业住宅的配套使用，作为盖上小区物业的配套功能，具有对城市空间的私密性和对上盖物业的开发性。在上盖物业空间设计中，一般都会设计具有私密性的小区，来保障上盖物业的社区品质。其他功能设计以及景观设计具有开发性，能够为盖上活动提供便利性。建筑功能的设计附带不同的开放性和私密性，在对两空间层次进行过渡时可利用景观环境、建筑边界等进行空间性质的过渡，来达到盖上空间的丰富度同时保障盖上居民活动的舒适性和安全性（图 3-56）。

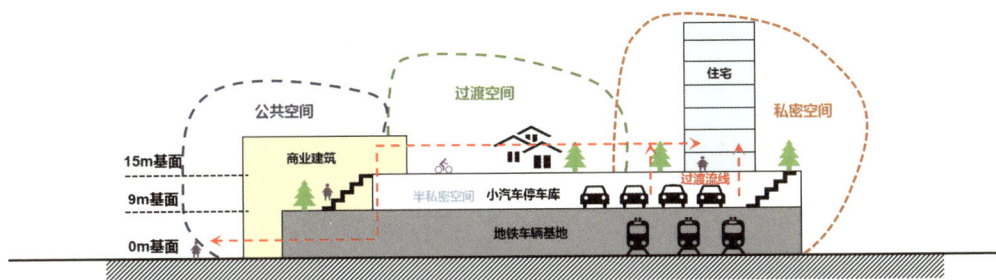

图 3-56　私密性过渡分析

第4章

基于生态上盖的
场地环境设计策略

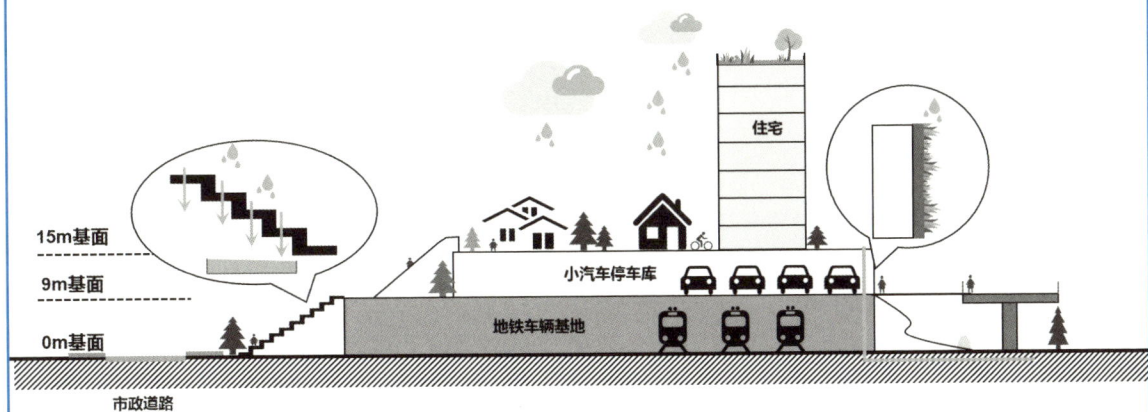

15m基面

9m基面

0m基面

住宅

小汽车停车库

地铁车辆基地

市政道路

4.1 上盖生态环境与景观层次设计

4.1.1 生态环境塑造

1. 绿化植物多样性选择

地铁车辆基地上盖盖板的结构通常为钢筋混凝土板，其上方覆土种植天然的植物与景观小品。在设计盖上景观时，盖板上需要进行人工覆土，种植景观花草树木，由于车辆基地整体结构的特殊性，其盖上所能承受的荷载具有一定的限度，普遍在盖上进行 1.5m 的覆土进行景观的种植，因此在植物选择中尽量避免高大乔木的种植，因其不仅增加了盖上的重量且植株不易成活。盖上景观均为人工打造，因此在设计上应具有一定的设计原则，首先要将景观植物进行层次化分布，具有良好的植物层次展示作用，使其具有艺术性和科学性；其次设计过程还应考虑盖上设计的整体理念和地区的文化底蕴，满足生态环境的标准要求[67]。植物层次划分时，可采用"网格状"的方法配置植物，提升植物的层次感和错落感。在植物种类的选择上，应保证多种植物群落之间的搭配，包含乔木、灌木、花丛、草丛等。对于植物的选取还需遵从其生态学的基本原理，不同城市需要结合自身所处的温度、植被覆盖区域选取对应的植物种类（图 4-1）[68]。北京五路车辆基地上盖开发的绿化种植具有多层次、多样性的特征，上盖社区的覆土形成微地形的高低起伏，种植不同品种的落叶期植被，高低错落有致，颜色具有层次感，使上盖社区空间具有四季不同时节的观赏性（图 4-2）。

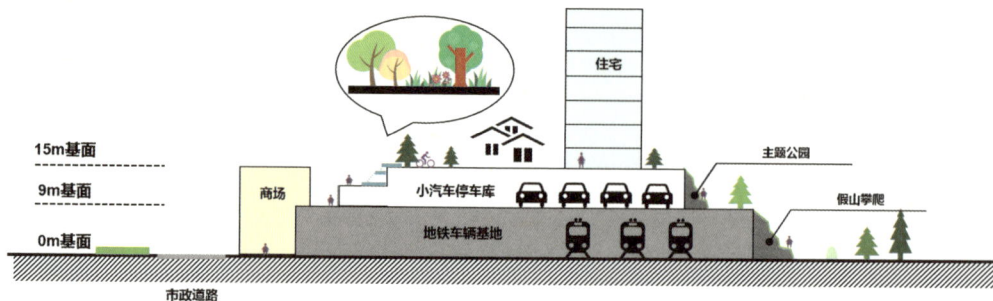

图 4-1　植物层次分析

图 4-2　五路车辆基地上盖开发植物景观实景图

　　广州萝岗地铁车辆基地地处亚热带季风气候区，在设计上盖物业层景观覆土时，其覆土层为 1.5m 厚。为了在上盖物业层创造具有多层次的人工景观环境，将小型乔木搭配灌木产生景观视觉上高低错落的层次感，修剪后的灌木以及草丛和具有不同颜色的花丛使景观具有不同的形态特征，提升了盖上景观的合理性和美观度（图 4-3）。园林小品错落有致点缀在组团住宅之间，让生活中的情趣融入到自然与空间之中，满足了亲近自然的低密度生活愿景。

图 4-3　广州萝岗车辆基地上盖开发景观植物层次示意图
来源：广州市越秀地产大湾区轨道交通开发公司

133

2. 植物种类与覆土高度调适

地铁车辆基地上盖开发为了打造盖上景观，需要进行人工覆土来种植绿色植物。上盖绿化为了景观的美化可适当进行土方造形，考虑到结构的承载力，也可用轻质填充材料。通常上盖的覆土厚度与植物种类、覆土基质相关，如种植花卉草坪需要 0.4m 覆土厚度，如果种植灌木则需要 0.6m 左右厚度的覆土层才能保证成活。乔木本身高大，会增加上盖荷载，因此需严格控制乔木数量，同时其高度不应超过4.0m；上盖空间宜种植适合生长的低矮灌木、草坪、地被植物、攀缘植物等，可小量种植小乔木。根据不同地区环境的不同，其上盖空间选择种植的植物也不尽相同，对于技术上的要求和盖上相关防水层、排（蓄）水层、隔离过滤层的不同，覆土高度需要根据当地相关规范进行区别调试。为了减轻上盖的荷载力，其上盖覆土的厚度在满足植物生长的前提下，厚度越薄越好，但是在实际的设计项目中，对于上盖物业的景观品质都具有较高的要求，因此盖上空间覆土厚度要根据实际要求进行调试（表 4-1）。

表 4-1 不同植物类型基质厚度   m

植物类型	植物高度			基质厚度		
城市	上海	北京	广州	上海	北京	广州
乔木	3.00~10.00	2.00~2.50	2.00~2.50	0.60~1.20	≥ 0.60	≥ 0.60
大灌木	1.20~3.00	1.50~2.00	1.50~2.00	0.30~0.60	0.50~0.60	≥ 0.50
小灌木	0.50~1.20	1.00~1.50	1.00~1.50	0.20~0.45	0.30~0.50	≥ 0.30
草本、地被植物	0.20~0.50	0.20~1.00	0.20~1.00	0.10~0.30	0.10~0.30	≥ 0.10

北京五路车辆基地上盖的景观设计品质较高，盖上覆土层达到了 1.8m 厚，种植植物品种根据北京天气、气候等选择具有抗风、耐寒、耐高温、易移植、生长缓慢等特性的植物，对于一些微地形的处理，丰厚覆土的部位选择在承重梁或柱顶上方，防止植物根系穿刺，保障其结构上的稳定性；浅显覆土的部位可以设计社区宅间路或者低矮植被（图 4-4）。

3. 经济技术指标控制

地铁车辆基地上盖物业综合开发属于城市高密度区域，在城市空间中形成集聚效应的锚点，通过道路的下穿上跨以及连桥与周边的城市环境相互连接和贯通。在对城市空间形态的研究中，建筑覆盖率（通常称为建筑密度）、容积率、人口密度等都是表达空间活力的常用指标[69]。上盖物业开发其建筑覆盖率影响着上盖社区建筑用地的利用率，利用率越大，上盖物业可进行种植绿化的面积越小。

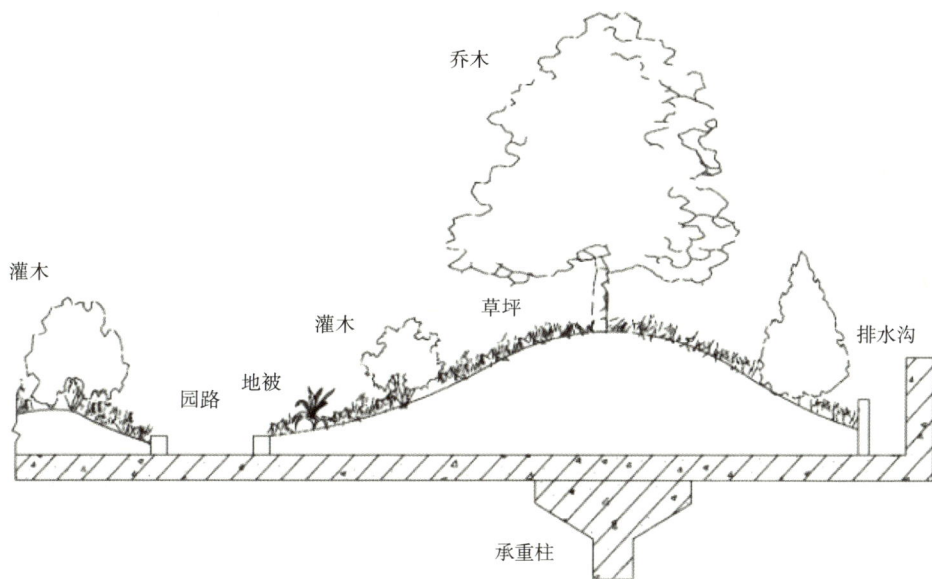

图 4-4　微地形处理办法示意图

绿化率代表了上盖物业景观绿植的占地面积。在居住区设计时，对于开发区域绿地率国家有硬性要求，不同地区绿地率算法也有较大差异。《民用建筑设计通则》中严格规定：新建居住小区的绿地率不低于 30%；旧居住小区进行改建，其绿地率不低于 25%。覆土之上在计算绿地率时有一定折算率，盖上覆土绿化，应算在"裙房屋顶绿化和一层屋顶绿化"类别中：平均覆土厚度 ≥ 0.6m 时且以亚乔木为基调，配置灌木、地被植物，折算率为 40%；如果平均覆土厚度 ≥ 0.3m 且 < 0.6m，种植纯草皮，地被植物其折算率为 20%。即如果覆土厚度不到 0.6m，在盖上全部进行覆土绿化也达不到绿地率要求，所以上盖居住区要满足整体绿地率要求需要精细化的设计与计算，需要采用上盖非建设区域进行整体 0.6m 以上覆土，大面积绿化，多使用植草透水砖进行停车场铺设等措施提升绿地率。

容积率与建筑密度反应了车辆基地上盖的开发强度，根据对案例的整理，上盖物业容积率在 1~3（表 4-2）；对于开发商而言，这些指标决定了地价成本在房屋中的占比，对于用户而言，涉及居住的舒适度，容积率越低舒适度则越高。人口密度体现着该区域的活力度，也影响着区域经济的发展。因此，上盖物业开发中，指标的控制尤为重要，不仅决定设计的尺度问题和城市的融合度，也影响着物业开发后的用户体验和效益回报。

表 4-2　车辆地基一体化开发盖上容积率调查汇总

车辆基地上盖名称	容积率	建筑密度	示意图	
镇龙车辆基地上盖物业开发	2.10	16.2%		
水西车辆基地上盖物业开发	2.80	≤ 25%		
白云湖车辆基地上盖物业开发	2.80	≤ 28%		
官湖车辆基地上盖物业开发	2.70	≤ 22%		
杭州七堡车辆基地上盖物业开发	2.10	≤ 30%		

　　广州萝岗地铁车辆基地上盖开发中小区规划占地面积 31hm²，容积率 2.14，其小区的总建筑面积达到 66.34hm²，具有高密度开发特征与高密度人口承载；其中情景洋房组团容积率低至接近 1.0，表明其别墅组团内，具有高品质的生活环境。绿

化率 34.5%，表明其小区规划占地面积的 1/3 都是绿化景观，具有良好的景观环境，综合评定该上盖社区具有较高的生态绿色环境品质（图 4-5）。

图 4-5　北京平西府车辆段盖上住宅绿化示意图

4.1.2　视线通廊设计

视线通廊也是建筑界面间形成的通风廊、景观廊、交通廊，有利于上盖物业的通风与采光。在上盖建筑群进行规划组合时，应根据周边自然、人工环境预留出视线通廊：对上盖建筑群来说，视线通廊也是通风廊、景观廊、交通廊，在形体组合中预留可以规避诸多不利因素，有利于内部通风采光；对于周边区域，车辆基地体量巨大，视线上很难化解巨型体量的压迫感，在一定程度上其阻挡了城市整体景观的连续性，如果上盖建筑群体在形体组合时不预留视线通廊，那么周边整体城市环境将受到很大负面影响，在心理层面对周边居民和盖上居民也产生一定负担。郭公庄车辆基地周边商业、盖上住宅、落地开发住宅都为高层，在上盖开发设计中建立视觉通廊，以景观联动，形成了良好的对景关系（图 4-6）。上盖高层物业在临街界面不宜超过三个单元，建筑山墙之间除了满足消防距离外，应尽量开阔，与城市景观内外视线的通畅有利于环境品质的提升，同时避免造成盖上空间过于封闭产生消极空间。

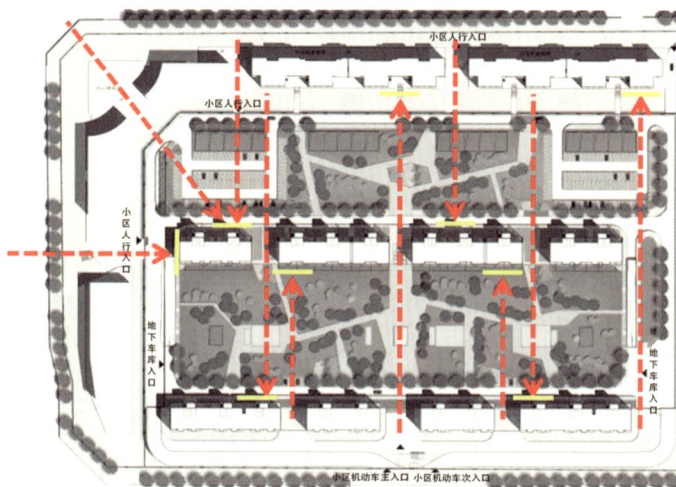

图 4-6　北京郭公庄车辆基地盖上形体组合视线分析图

1. 景观轴线贯通

地铁车辆基地上盖开发所塑造的景观环境均为人工环境，景观环境会与建筑空间相互融合，能够很好地将大体量基地带来的压迫感和孤岛效应有效削弱。对建筑群体进行设计时，空间中穿插景观轴线，不仅能够给景观观赏带来视线的通透，还能起到通风、交通的功能。部分景观轴线设计在建筑组团中间，能够突出场地的中心轴线，并且具有引导性和分隔作用，提升景观环境品质的同时，改善人们视觉的舒适度。深圳前海湾地铁车辆基地上盖物业住宅在布置上，以对称式将两侧住宅进行排布，中间建设景观界面，形成景观轴线通向商业建筑，具有良好的景观视角（图 4-7）。

图 4-7　深圳前海湾上盖住宅景观轴线

2. 主题通廊

1）中心街区通廊

在对地铁车辆基地盖上空间进行设计时，需要多基面进行联动设计，功能上多数结合商业功能业态灵活布局，在流线上商业街区连接商业建筑、住宅建筑、办公建筑进行贯通，在视觉设计上将商业街区进行回廊式设计，结合结构转换层，底层形成回马廊式的灰空间，利用楼扶梯进行竖向交通，使大体量的盖上空间产生灵动的趣味感。中心街区回廊设计不仅在商业上带动盖上经济的发展，而且为居民提供便利性和活动空间。部分中心街区可设计在盖上空间的主要入口处，成为上盖社区的起始点，既增加了上盖居民的舒适性和便利性，同时也为方便城市周边用户的使用。在深圳前海湾车辆基地设计中将商业中心与下沉广场进行联合设计，视线上增强了盖上空间的开敞度和丰富度（图 4-8）。

（a）　　　　　　　　　　　　　　　（b）

图 4-8　深圳前海湾车辆基地回廊式商业效果图
（a）下沉广场鸟瞰图；（b）回廊式商业街效果图
来源：深铁建设集团宣传册

2）艺术文化通廊

艺术文化通廊的设计通常可以体现这个城市和上盖物业的文化底蕴。艺术文化通廊设计通常由景观环境、广告展板、灯光夜景、文化墙等方式组成，在功能上作为主要出入口、步行街区、多基面的连接方式共同设计，将文化融入上盖物业中，在景观上提升了盖上空间的丰富度，增强了车辆基地综合体的标志性。在广州萝岗地铁车辆基地开发中，在进入盖上空间的主要入口处，设计了艺术文化中心，增强了进入上盖空间的视觉体验（图 4-9）。

图 4-9　广州萝岗车辆基地艺术文化中心示意图
来源：广州市越秀地产大湾区轨道交通开发公司

4.1.3　立体景观过渡

1. 软隔断过渡界面

地铁车辆基地与周边土地产生高差，上盖物业层高度较高，并且基地体量较大，会与周边城市空间产生面积较大、高度较高的断层界面，造成视觉上的压迫感。通过在基地周边种植高大乔木、草坪、建立水系等软隔断的方式加大人们对基地边界的感知距离，拉长视线距离，在视觉上减小基地的体量感、消隐断层界面（图 4-10）。

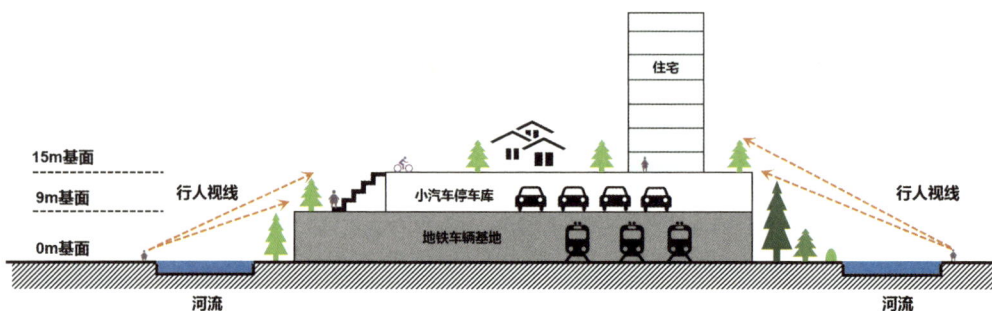

图 4-10　软隔断消隐界面

2. 景观覆盖延伸界面

地铁车辆基地及上盖综合体的超高大界面可以运用盖上盖下景观植物覆盖延伸的方式进行软化处理，设计成景观绿植墙或连接基地周边绿化带，在高度上增加景观的视觉效果，同时消隐掉冰冷的混凝土墙面，减轻压迫感的同时与周边区域进行融合，来消除基地突出造成的城市割裂现象（图 4-11）。广州陈头岗车辆基地上盖开发项目将沿街立面与植物相结合，形成面积较大的绿色立面，在视觉上感受到自然的气息，规避了基地体量的高大对城市的不良影响（图 4-12）。

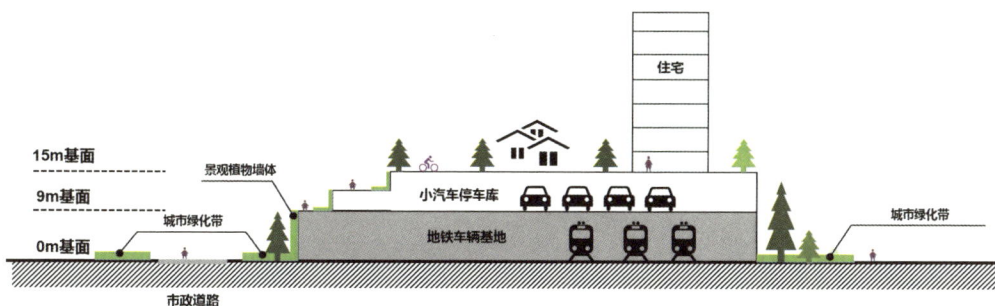

图 4-11　景观覆盖延伸界面

图 4-12　广州陈头岗车辆基地上盖开发沿街立面绿植美化

3. 界面高差主题式利用

根据地铁车辆基地上盖开发的实际情况、设计理念、主题空间、景观配置等方面进行对侧壁界面的利用，设计微景观瀑布打造宁静宜人的水系景观，侧壁界面边缘设计徒手攀岩活动场地、主题公园、假山攀爬等，将断层界面的缺点转化为空间设计的优势加以利用，达到消隐界面的作用，同时提升上盖空间的趣味性，增强上盖景观多样化，打造宜人的生活环境（图4-13）。北京榆树庄地铁车辆基地利用基面高差在侧体墙壁设置趣味攀岩，形成娱乐活动场所；在墙体侧壁种植绿植微景观美化侧壁，提升了上盖环境品质，并给城市提供了层次丰富的开放空间（图4-14）。

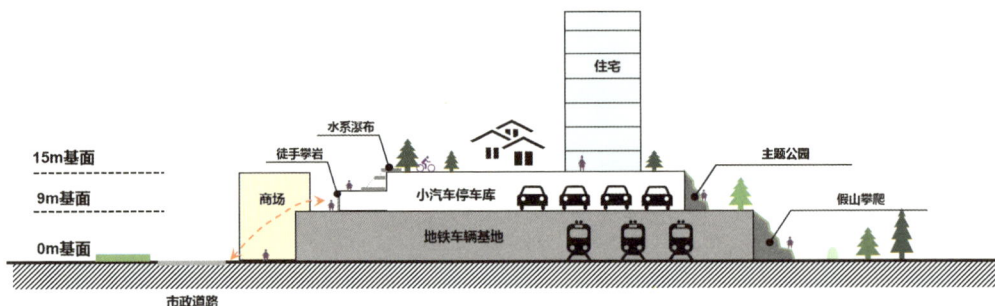

图4-13　高差主题式利用

图4-14　北京榆树庄车辆基地盖上盖下景观一体化设计
来源：北京市基础设施投资有限公司

4.2 上盖绿色理念与生态技术运用

4.2.1　海绵上盖技术应用

　　"海绵城市"理念是综合应用低影响开发雨水系统、城市雨水管渠系统及超标雨水径流排放系统。通过各系统对雨水的渗透、蓄存、滞留、净化、排放等作用，达到减少径流总量、径流峰值、径流污染的目的。海绵上盖就是利用海绵城市的原理减小上盖径流量的一种开发模式，秉承利用地形高差，优化生态环境，自然资源再循环的原则，以满足上盖空间环境微循环，为物业居民提供良好生活环境（图 4-15）。海绵上盖主要针对于水资源的收集和再利用，通过对建筑屋顶的使用，增加蓄水土地的面积。上盖物业开发为了减弱其承载力，尽量较少考虑建筑屋顶大面积绿化，不过少量绿化屋顶设计可以提升雨水的滞留能力和渗透能力（图 4-16）。当建筑屋顶不适合进行绿化时，要设计好屋顶的雨水收集系统，根据雨水的收集功能进行分析，可以将其分为普通雨水收集系统和自动雨水收集系统[70]（图 4-17）。

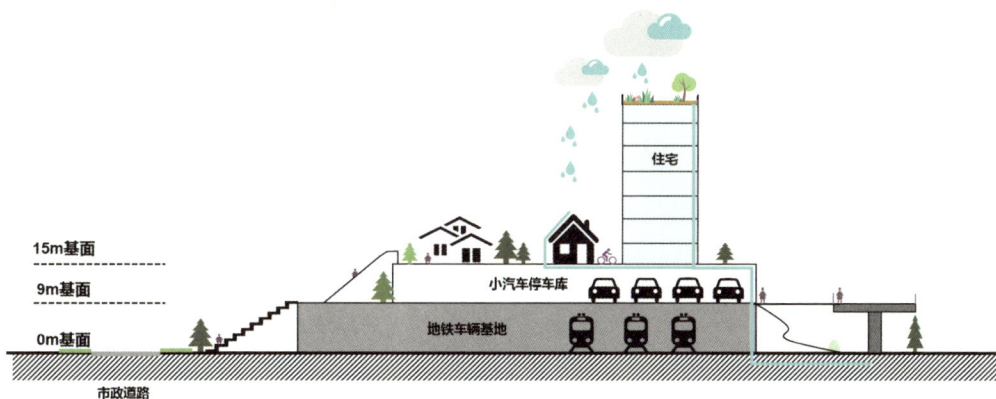

图 4-15　屋顶水资源收集

　　在上盖道路系统设计时，利用上盖设计的高差、坡度方向，通过道路系统自然引导雨水流向，进行雨水收集。在对道路系统的路面进行设计时，选择排水路面设计，根据路面材质排水性能和承载力的综合考虑，全透路面结构一般运用在非行车道上，例如，自行车道、人行道以及步行广场等区域[71]（图 4-18）。绿地系统对水资源具有一定的收集作用，机动车道两侧设计绿化带且低于道路标高，道路雨水部分流入绿化带进行雨水收集，部分通过透水路面流进市政设施[72]（图4-19）。

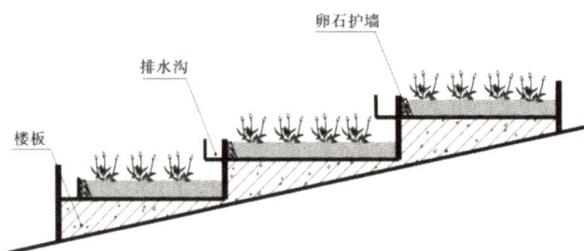

图 4-16　屋顶绿植

图 4-17　屋顶自动雨水收集系统

图 4-18　道路系统绿化设计

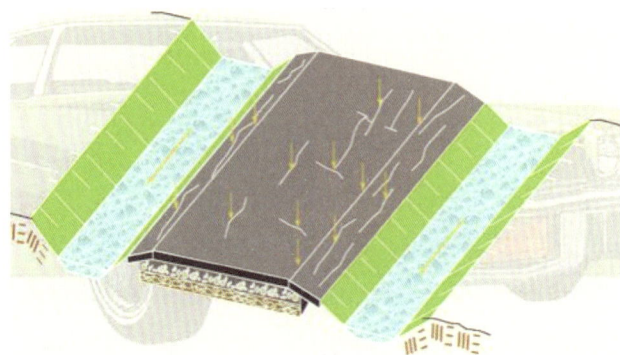

图 4-19　道路排水分析图

地铁车辆基地上盖建设 1.5m 覆土形成雨水沟，根据水流方向设置雨水花园，也可根据景观进行设计相应水系景观及水池等，对雨水进行收集以及起到蓄水池的作用（图 4-20）。由于上盖开发条件的特殊性，经过自然植被土壤过滤后的水资源不能同海绵城市那样深入地下，实现地下水的补给。这部分水在土壤承受范围内可反馈于植物系统进行生长和空气蒸发，但在梅雨季节水量大时，应考虑盖上整体雨水系统的收集，同时利用排水系统及时通过盖上高差排到城市水系统中，防止盖上结构承载力过大，造成安全隐患。

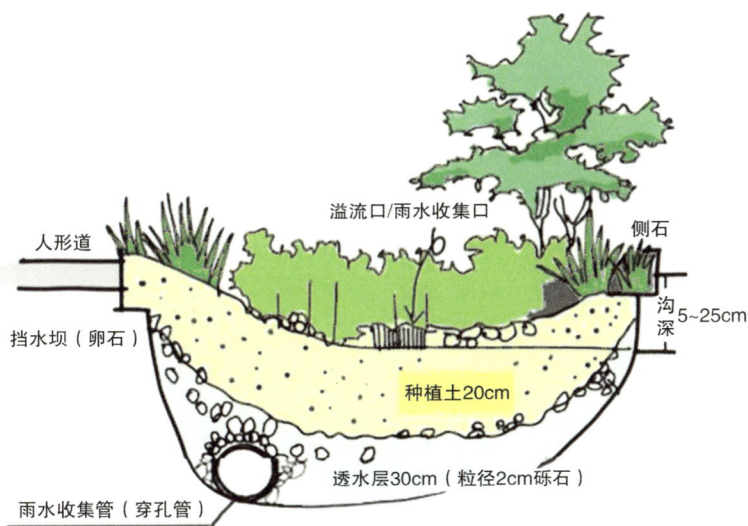

图 4-20　下凹式绿地

在解决上盖空间和城市高差问题上，通常采用台阶、坡道、电梯、高架桥等形式（图 4-21）。城市台阶的建设可利用透水性硬质铺地，将雨水渗透到台阶下部土壤中，大量雨水可由一层一层台阶进行过滤和渗透，达到大量雨水的渗透；车行坡道、残疾人坡道等均可设置道路两侧下沉式绿地，进行道路两侧的排水，以及采用排水沥青混凝土路面等进行设计，增加路面渗水量，均可减少上盖对城市排水量的影响。在对上盖物业功能、交通、流线进行设计时，利用结构层进行下沉广场的设计，不仅在功能上起到多样化作用，而且可以对交通流线进行多样化设计，提升人们空间层次的可达性，同时在海绵上盖设计概念上，起到汇水和蓄水功能。梅雨季大量雨水通过上盖空间的过滤后再次通过下沉广场的高差变化汇集，在下沉广场地下建设蓄水空间，有效储存车辆段上盖多余雨水。在达到下沉广场蓄水能力极限时，多余雨水透过排水管道再次流入市政管线，减少城市排水径流量。

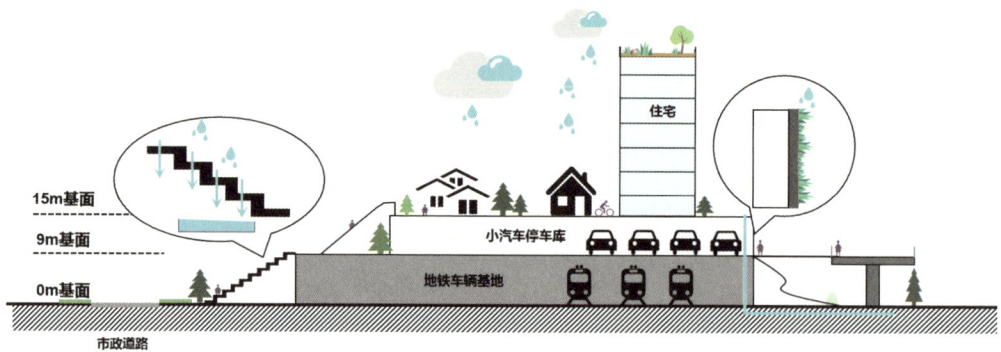

图 4-21　侧壁及透水砖

　　采用海绵上盖的建设模式，保证水循环的再次利用，配合景观设计喷泉、水池等满足景观需求。海绵上盖设计使基地上盖形成一个独立的水循环处理系统，成为车辆基地的开发特色。榆树庄车辆基地上盖开发采用海绵上盖建设技术，在技术原则上保证水系统的蓄、滞、渗三方面正常运行，同时利用上盖的景观台阶、侧壁美化、景观地形等设计方式进行水资源的排泄和利用（图 4-22、图 4-23）。

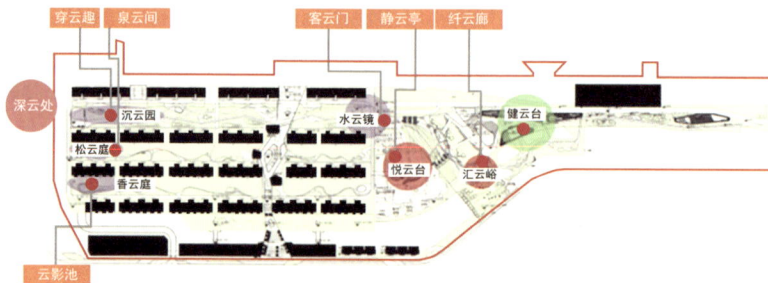

图 4-22　北京榆树庄车辆基地上盖景观节点

图 4-23　北京榆树庄车辆基地上盖景观墙

4.2.2 清洁能源辅助利用

地铁车辆基地上盖在开发设计阶段需要对水电资源的应用进行关注，尽量使得清洁能源能够在建筑的建设中得到应用[73]。同时在设计中对风能、太阳能的能源节约策略进行积极的应用。

1. 风能利用

1）风能利用形式

建筑环境中的风能利用形式可以分为：以适应地域风环境为主的被动式利用——自然通风和排气；以转换地域风能为其他能源形式的主动式利用——风力发电[74]。地铁车辆基地面积大，结构转换层设置停车库占地面积也相对较大，在大面积空间中，其内部的自然通风不好，通常会在建筑内部设计排风口等，可采用被动式排风在上盖物业层设置排风井辅助机械通风设施，在节约电力的情况下确保盖下空间通风舒畅及上盖物业需求（图 4-24）。在上盖平台上设通风和消防排烟口，进风和火灾时的补风共用进风口，排风和消防排烟口共用出风口，防烟分区内的排烟口距最远点的水平距离不超过 30m，排烟口侧边百叶高度应大于 2m，排烟口高度应高于 2.5m。根据基地地域环境的不同，可考虑在风力较强的地区配合上盖物业开发高度设计小型风力发电，将风能转化为电能使用。北京五路地铁车辆基地上盖开发在其上盖物业层设计了几处排风井，通过盖上盖下的气压不同，给盖下空间进行通风排气（图 4-25）。

图 4-24 上盖通风井示意图

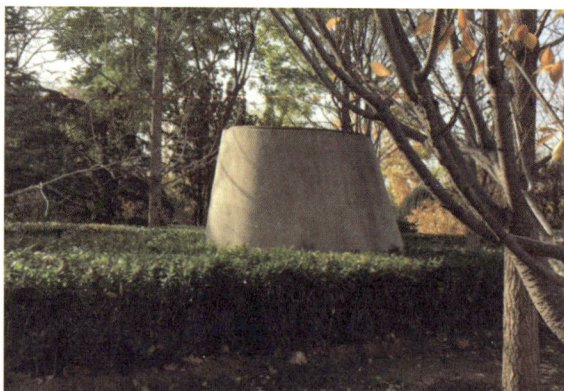

图 4-25　北京五路车辆基地上盖开发植物景观实景图

2）风环境模拟预测

地铁车辆基地上盖开发受各地区环境、气候、周围环境以及高度的影响产生不同的风环境，有效的利用风环境对建筑物的影响，让其在建筑内部产生自然风从而降低空调使用的能耗。斯维尔软件在建筑方面能够进行风环境模拟、热环境模拟、建筑物内部的空气质量分析、双层玻璃幕墙内换热流动分析、空气中氧气浓度解析、环境对人体舒适度影响分析等。斯维尔软件能实现建筑室外风环境的数值模拟评价，可以降低测试成本和缩减评价周。对前海湾车辆基地上盖物业开发项目的整理、绘图、建模，并通过斯维尔对其场地进行室外风环境的模拟（图 4-26）。根据斯维尔软件的模拟分析，颜色越暖其风压越大，邻近基地边缘建筑会受深圳季风影响产生迎风面风压，其内部建筑基本风压可控制在 5Pa 之下，能够使人们在上盖空间处于舒适的风环境。

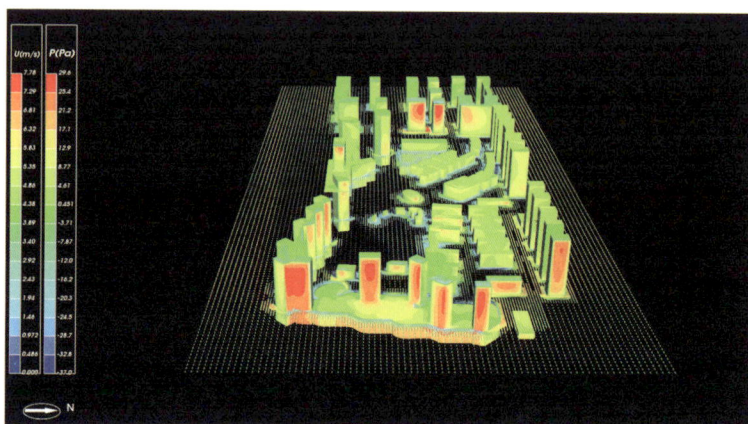

图 4-26　风环境模拟

2. 太阳能利用

太阳能是可再生的一种清洁能源。被动式太阳能建筑是针对建筑周遭的环境、遮阳和通风还有能量储存等显现出太阳能被动运用的统称，使建筑物能够在夏季合理通风、降低太阳辐射；冬季则是合理应用太阳能和对外墙、外窗保温，从而提升室内温度[75]。上盖设计中利用太阳能收集器，收集太阳能并转化为热能，冬天给盖下空间进行保温，同时光导照明系统（太阳能传输用空芯光纤）可进行盖下采光，白天可完全取代白天的电力照明，至少可提供 10 小时的自然光照明，既改善了盖下的采光条件，又节约了运营成本，还能成为一种景观特色（图 4-27~ 图 4-29）。

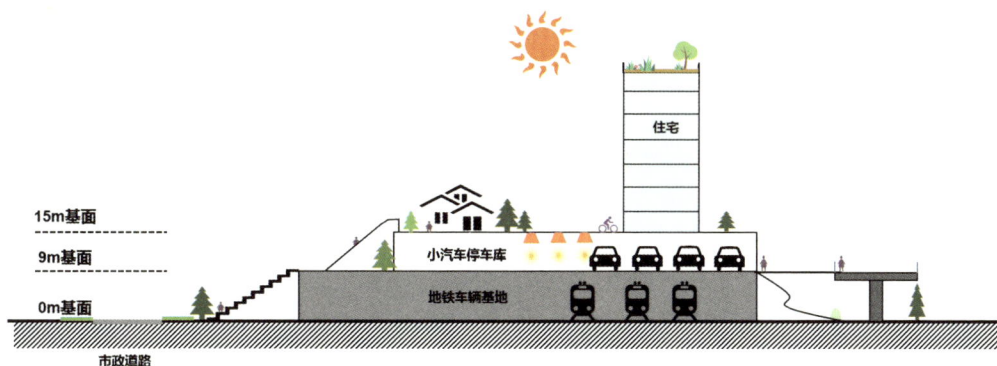

图 4-27　光导系统分析

图 4-28　自然光光导照明系统

图 4-29　盖下停车场光导照明

4.3 **上盖开放空间与小品设施设计**

地铁车辆基地物业开发通常在物业开发层面设计地下广场连通结构转换层，使上盖开发设计具有空间感，同时下沉空间可以引入自然光、空气和人流，并展示上盖开发的空间结构[76]。

4.3.1 多维度下沉广场丰富空间层次

1. 下沉广场与商业配套

地铁车辆基地上盖开发多以住宅建筑为主，在功能上会增加配套商业的建筑空间，商业建筑通常设计在基地边缘处，能够聚集基地上盖下的不同人群，使商业服务面最大化。在盖上空间进行下沉广场设计时，可成为商业建筑景观功能的配套场地，将下沉广场通过楼梯、电动扶梯或者通道的方式进行空间上的衔接。部分下沉广场也可以成为盖上居民进入商业空间的盖上入口，不仅使得盖上空间产生变化，而且增加商业入口的开敞性和标识性（图4-30）。广州官湖车辆基地上盖开发为社区生活塑造"环形生活场"，以意大利的卢卡小镇为设计灵感的双圆广场，通过社区商业、特色水景、环形广场等丰富的公共空间营造了一个惊喜活力新场景（图4-31）。

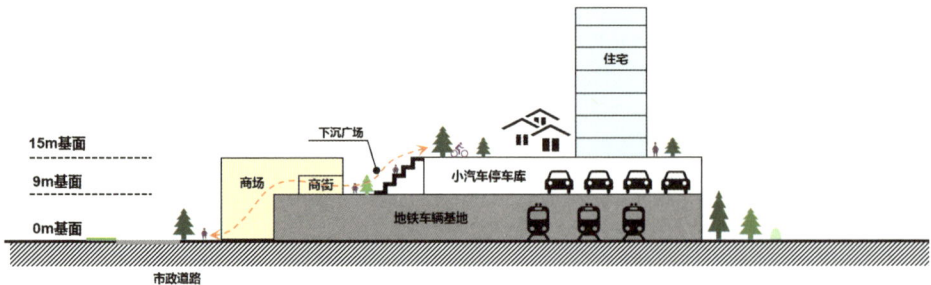

图4-30　下沉广场与商业配套

广州萝岗地铁车辆基地上盖共设6组垂直交通，300m服务半径范围几乎覆盖了整个地块，垂直交通便利连接不同基面，其中在南邻里商业区的一处，运用下沉广场作为连通空间，同时衔接商业建筑和上盖住宅区，形成上下贯通的流线，便于人们上下出行（图4-32）。

图 4-31　广州萝岗车辆基地上盖开发下沉广场
来源：广州市越秀地产大湾区轨道交通开发公司

图 4-32　广州官湖车辆基地环形生活广场
来源：广州市越秀地产大湾区轨道交通开发公司

2. 下沉广场集散与疏解

　　下沉广场作为城市广场类型中的一种，是城市立体化的一种表现形式，同时具有聚集人流和疏散人流的作用。在地铁车辆基地上盖开发这种特殊空间设计时，物业基面设计下沉广场能够将盖上空间的人群进行向下疏解，成为疏散广场的同时，能够引导人流向城市空间分散。下沉广场的设计通常要具有公共性、步行性、休闲性、场所感、文化性和景观功能，在设计中，下沉广场在场地空间上能够聚集人流，同时能够疏解人流向盖上空间的多个基面和多个方向分散，成为盖上空间的重要景观核心节点（图 4-33）。广州官湖车辆基地上盖开发为了给居民营造良好的环境氛围，通过建设下沉式广场预留大量社交空间，设计不同的生活场景和体验，给更多的人带来有温度有价值的社交（图 4-34、图 4-35）。

图 4-33　下沉广场与疏散

图 4-34　广州官湖车辆基地下沉广场效果图

图 4-35　广州官湖车辆基地下沉广场鸟瞰图
来源：广州市越秀地产大湾区轨道交通开发公司

4.3.2　出入口的便利性导向

地铁车辆基地上盖物业开发空间与城市周边环境产生高差，因此在进入上盖空间的主入口要具有标识性，能够很好地引导人流、车流进入盖上空间。

1. 台阶式出入口

多数地铁车辆基地上盖物业空间的入口在上盖物业层，为了引导主要的人流进入盖上空间，同时解决盖上盖下的高差问题，通过在入口处设计大体量的台阶，既能解决人行问题，又具有明显的识别性，能够让人们很快识别出入口空间。通常在这种台阶式入口处的周边会设计景观绿植，丰富入口空间的景观层次，也避免台阶过于冗长而使人们产生厌恶感。考虑到无障碍设计，在台阶式入口处，通常配有电梯、坡道等无障碍设施，满足人们的不同需求（图 4-36）。广州镇龙车辆基地上盖开发设计用巨型雨棚将半室外剧场和小区入口整合（图 4-37），为剧场遮风挡雨的同时形成具有现代感的社区门户，人们通过半室外台阶进入社区的同时能够感受剧场环境带来的轻松愉悦感（图 4-38）。

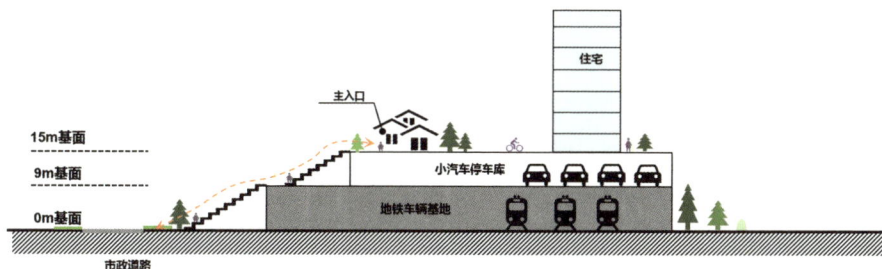

图 4-36　台阶式出入口

图 4-37　广州镇龙车辆基地台阶入口内部
来源：广州市越秀地产大湾区轨道交通开发公司

153

图 4-38 广州镇龙车辆基地台阶入口外部
来源：广州市越秀地产大湾区轨道交通开发公司

2. 口部建筑标识性

地铁车辆基地上盖物业入口处，设计具有标识性的建筑凸显入口空间，既能够利用建筑功能，又能够成为上盖物业的标志性建筑。根据不同基地的实地情况、设计理念和流线组织，标志性建筑布置在不同的基面，方案效果也各有特色。广州水西车辆基地上盖开发设计中，其展示中心位于整个项目地块的最前端（图 4-39），具有入口标识性并统领着整个住宅小区。弧线的墙体具有引导性，搭配圆形的雨棚能够遮阳遮雨，它以简单的建筑形体，涵盖了丰富的功能，同时实现了简约的美感（图 4-40）。展示中心作为永久建筑，在上盖社区交付使用后将用作社区会所（健身房、阅览室、娱乐室）服务全体住户。

图 4-39 广州水西车辆基地上盖开发总平面图
来源：广州市越秀地产大湾区轨道交通开发公司

154

图 4-40　水西车辆基地上盖开发展示中心
来源：广州市越秀地产大湾区轨道交通开发公司

　　广州萝岗地铁车辆基地上盖开发通过在上盖物业出入口出建设一个具有标志性的建筑，从而突出其出入口的位置。由于基地地况的特殊性在于建筑自身标高远高于地平线，因此，设计一个具有开放性质的社区图书馆成为整个社区的入口及每位居民回家的必经之路很有必要。将建筑构造为一个透明盒子，将具有不同功能的空间统一到一座共享式的建筑当中，使空间自身具有永久性和实用性（图 4-41）。在上盖物业建设前期，此处作为楼盘的售楼部使用，通过售楼部可进入盖上空间进行参观和选购。在上盖物业完全建成后，将其恢复为上盖物业的社区图书馆。不同时期的多功能使用，使其建筑性质得到了更大限度的利用。

图 4-41　萝岗车辆基地上盖开发社区图书馆
来源：广州市越秀地产大湾区轨道交通开发公司

3. 导向标识

地铁车辆基地上盖开发空间层次较多，为了引导人们能够准确的到达目的地，盖上空间需要做好其标识系统，来传达盖上空间各个目标点的方向和位置。结构转换层作为停车场空间较大，通向上盖物业层的竖向节点较多，利用标识系统引导停车场内部车流的出入、重点标识竖向交通的位置，能够避免人们在此空间内迷失方向，使人流、车流的运转流线更为畅通。在基地周边以及盖上空间明确公交位置、出租车位置、地铁站位置等标识，能够引导人们乘坐交通工具。无障碍标识搭配无障碍设施布置，以及盖上各个空间层必要的平面示意图或者街区导向等（图 4-42、图 4-43）。

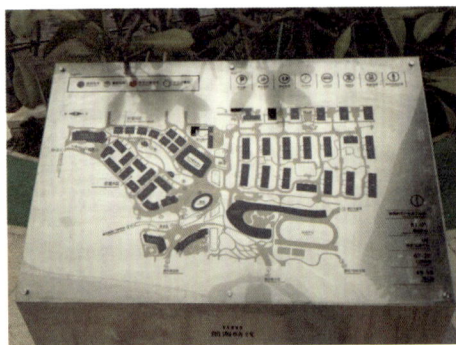

图 4-42 深圳前海湾车辆基地总平面 导向

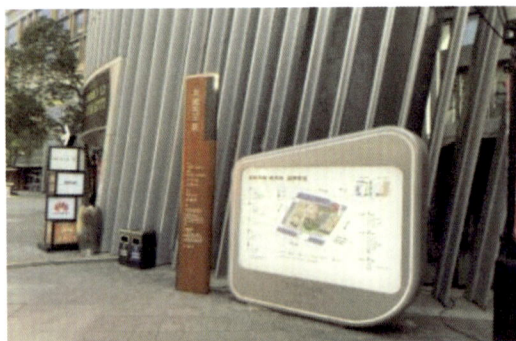

图 4-43 深圳前海湾车辆基地标识导向

4.3.3 景观序列主题式展开

1. 主题公园设施的串联

在对地铁车辆基地上盖开发功能进行配置设计时，设计的休闲空间成为盖上居民聚集休闲的场所。盖上的体育设施空间为居民提供室外活动场地，设计的景观公园成为场地内景观和活动的综合场所，景观绿植、水系等与公共资源景观共同设计，以提升盖上居民生活品质。体育设施以及景观公园、主题公园、游乐设施等根据盖上功能的布置位置进行搭配设计，串联在整个盖上空间，让上盖物业成为一个完整的空间，设施的布置不仅能够使区域环境得到提升，同时使居民的盖上生活得到丰富的活动体验。榆树庄车辆基地盖上综合开发为了给业主提供高品质的生活环境，建设场地开阔的体育公园、景观优美的河滨公园以及具有高差变化的下沉广场等开放空间，结合商业街区和公建配套设施，创造丰富的公共空间，使业主在使用空间上拥有舒适感和优质生活质量的幸福感（图 4-44）。

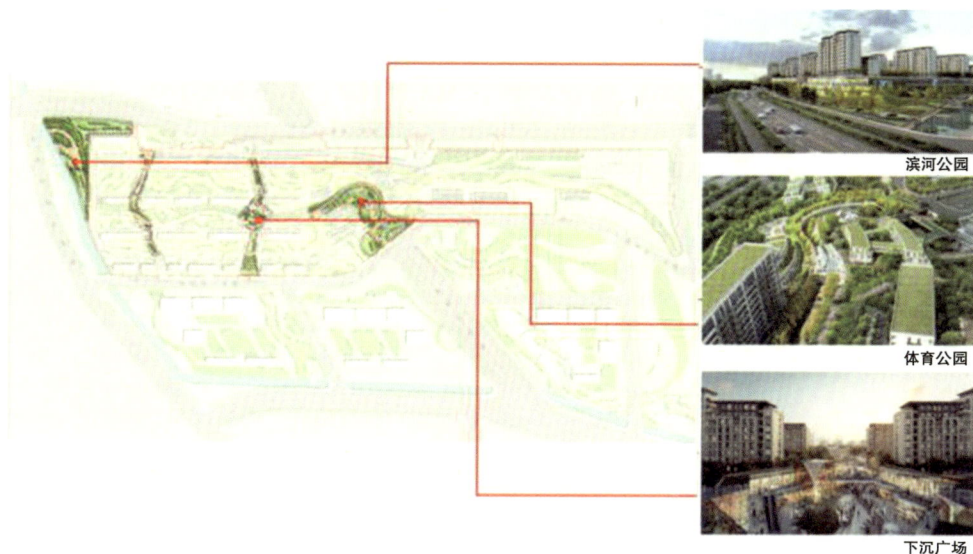

　　　　　　　　滨河公园

　　　　　　　　体育公园

　　　　　　　　下沉广场

图 4-44　北京榆树庄车辆基地上盖公园景观图
来源：北京市基础设施投资有限公司

2. 轴线序列空间

　　地铁车辆基地上盖开发中建筑的设计排布通常具有规律性和序列性，盖上空间中的轴线布置能够串联整个盖上的景观、交通、水体等不同的功能系统，成为盖上空间的骨架结构。通常为了明确轴向的位置，聚集居民的视觉中心，在基地主入口位置会设计基地的主要轴线，其具有强烈的功能性，控制盖上空间的格局，能够体现出盖上空间的景观特色和空间意象。广州官湖车辆基地上盖开发设计了一条贯穿社区之门、前厅、中心客厅以及后厅和南门的轴线，此外，学校、社区图书馆也都在这条轴线上（图 4-45~ 图 4-47）。

　　广州萝岗地铁车辆基地上盖引入天街轴线设计理念，利用循序渐进式布局方式的序列轴线，即将出入段线处为起始端贯穿整个上盖物业的设计。盖上天街将公园街、文化艺术中心、北邻里商业中心、花街、教育体育中心、体育街、南邻里商业中心进行串联，能从北到南服务整个上盖物业的居民活动（图 4-48）。其中花街的引入呼应了广州花城文化，广州本身具有花城之称，一年一度迎春花市，四季草水常绿，花卉常开，将建设风貌进行了呼应与统一。

图 4-45　官湖车辆基地上盖开发平面轴线序列空间
来源：广州市越秀地产大湾区轨道交通开发公司

图 4-46　广州官湖车辆基地上盖入口空间序列
来源：广州市越秀地产

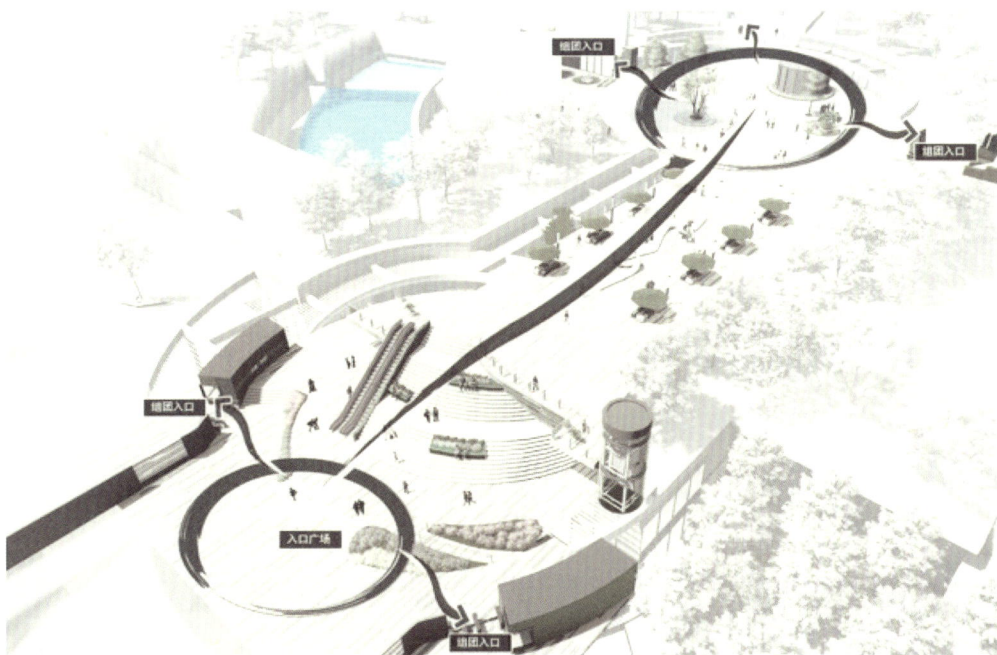

图 4-47　广州官湖车辆基地环形生活广场
来源：广州市越秀地产

天街序列

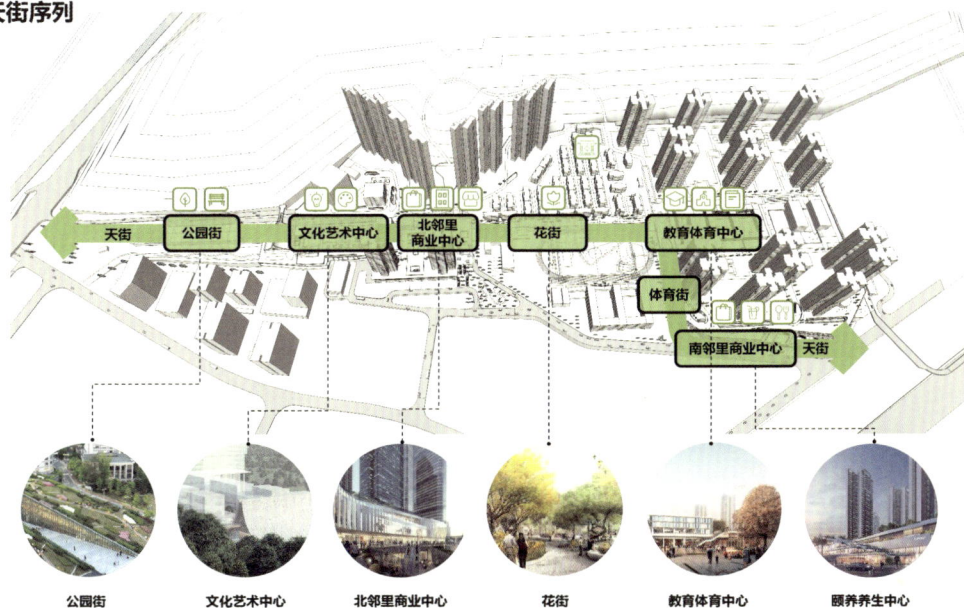

图 4-48　广州萝岗车辆基地上盖开发天街轴线序列
来源：广州市越秀地产大湾区轨道交通开发公司

3. 节点小品空间提升

地铁车辆基地上盖开发中的景观设计通过覆盖贯穿整个盖上空间，来达到盖上空间景观品质的优化，由于盖上植物均为人工覆土，为了减少覆土体量，通过设计节点的小品和主题式空间来提升盖上空间品质。根据上盖物业建筑功能、服务人群、地理位置的不同，相应的在设计主题上可以进行细致的划分，从整体划分为组团，不同组团之间的不同设计，再从组团到线、到点的设计，有强有弱、有虚有实的精细化设计，可以提高整体设计趣味性、变化性，满足上盖物业不同人群的不同需求，增强整体区域的活力和流动性。深圳前海湾车辆基地上盖开发设计了若干下沉式主题生活场，可以举办嘉年华、社区电影节、创意市集等，让盖上居民的生活氛围充满活力。广场结合休息设施，提高户外空间的利用效率，在设计中要注意小品设施的的材料、色彩应随地域季节适应性有针对性调整（图4-49、图4-50）。

图4-49 深圳前海湾车辆基地的休息设施　图4-50 深圳前海湾车辆基地的景观小品

第 5 章

基于安全上盖的
关键技术设计策略

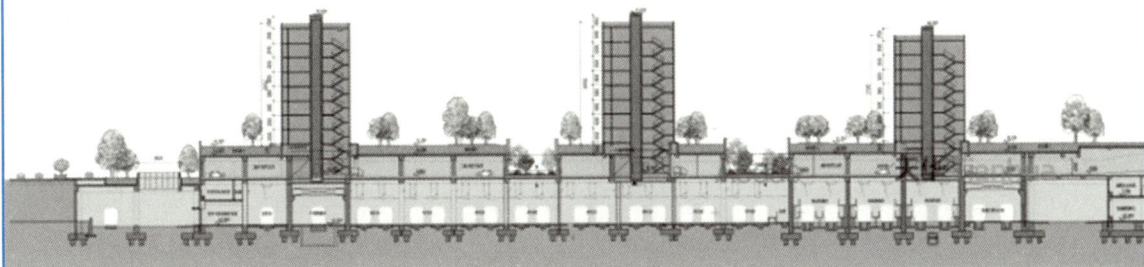

5.1 上盖结构转换与布局

5.1.1 盖上盖下结构限制

1. 盖下功能用房对于结构的技术要求

目前,我国对于大跨度的联合检修库、停车列检库等常用的主要形式有折线形屋架、钢屋架和预应力混凝土框架结构,在进行上盖开发时选用预应力混凝土框架结构以满足盖下厂房的大空间要求与承担上盖物业的整体荷载。在功能厂房设计中,柱网轴线距离在平行车辆股道方向多采用标准 9m 宽布置,垂直车辆股道方向使用多条车道并排设置,一般跨度在四车道 21~22m,不得小于 9.6m,至少满足两个车道并排,主要承重框架柱截面尺寸可以控制在 1.0m × 1.0m 以内,以上结构设计条件都要根据上盖开发条件进行相应调整。

2. 上盖建筑与盖下厂房结构差异

上盖建筑与盖下厂房结构主要差异在以下三方面:首先是结构类型的差异,盖下厂房结构为取得规整的大空间与节省成本,多采用框架结构,而上盖建筑结构选择类型较为多样,框架—剪力墙结构、框架—核心筒结构等都可根据开发设计要求进行相应选择,两者之间略有差异;其次为结构的柱网轴线尺寸的差异,盖上与盖下建筑空间尺度不同,盖下厂房大空间,上盖建筑多为居住类小空间,导致两者柱网轴线尺寸差异;最后为结构强度差异,盖下建筑和上盖居住类建筑的使用年限都为 50年,但盖下厂房结构在上盖开发时承担上盖居住物业荷载。

3. 整体开发不同步导致结构预留问题

目前,我国地铁车辆基地上盖开发还没有完全做到一体化开发,有的需要车辆基地设计施工单位完成一期开发,然后盖上用地才进行"招、拍、挂、转让"进行二级开发，需要为上盖开发预留结构转换层。

预留的结构转换层分为两种类型，定型结构转换与多功能结构转换；设计院倾向于使用定型的转换层，在车辆段设计的时候需要同步确定上盖住宅楼部分的户型、层高、竖向结构（柱、剪力墙等）、荷载等基本要素，尽可能降低转换层的造价成本与设计成本，但上盖建筑可调整余地较小；另一种多功能转换层，上盖开发的结构可以在盖下结构完工后再慢慢斟酌，此种模式适合香港地铁先占地后开发的要求，但此类转换层造价较高，抗震受力复杂。

5.1.2 盖下结构协同上盖布局

地铁车辆基地的盖下厂房通常采用钢筋混凝土框架结构，上盖开发的结构构件中的柱网尺寸、结构柱截面尺寸及梁、板的高度等都要进行相应调适。

1. 柱网轴线尺寸调整

盖下柱网布置对车辆基地基本功能、盖上居住建筑布局等具有重要影响。运用停车库区域，其柱网轴线尺寸根据停车股道间距来确定，以我国采用的车宽最大的 A 型车辆宽为 3m 计算，根据《地铁设计规范》（GB 50157—2013），如果车辆两边都是无柱通道，一条股道在停车区域需要净宽 4.6m，靠近柱边的股道净宽 4.45m，那么在上盖开发中，保证两个股道并排最小净宽可以为 8.9m，如果采用宽度更小的 B 型或 C 型车，则净宽可以控制的更小，见表 5-1。其他车库如月检库、架修库等净宽要求更高，使得垂直股道的柱网轴线距离增大，开发难度与成本相应提升。

表 5-1 车辆综合基地各车库有关部位最小尺寸　　　　　　　　　　　　　m

车库种类项目名称	停车库	列检库	月检库	临修库静调库	架修库	油漆库	调车机车库
车体之间通道宽度（无柱）	1.60（1.40）	2.00（1.80）	3.00	4.00	4.50	2.50	2.00
车体与侧墙之间的通道宽度	1.50（1.40）	2.00（1.60）	3.00	3.50	4.00	2.50	1.70
车体与柱边通道宽度	1.30（1.20）	1.80（1.40）	2.20	3.00	3.20	2.20	1.50
库内前、后通道净宽	4.00	4.00	4.00	5.00	5.00	3.00	3.00
车库大门净宽	B+0.6						
车库大门净高	H+0.4						

在确定上盖开发后，盖下柱网又相应调整，不开发时采用多股道并列的大跨结构布置，开发后采用两股道并置，并根据并置股道尺寸调整柱网尺寸，结构柱尺寸也相应调整（图5-1）。杭州七堡车辆段大平台结构首层层高8.4m，二层为设备层，层高3m，上盖主要为六层框架结构，杭州的抗震设防烈度为6度，下部柱网尺寸为8.4m×12m~8.4m×18m，上部居住建筑是框架结构，柱网及开间尺寸大部分为（3.3~5.4）m×（5.1~6）m，上下结构的柱网差异较大，经对比分析后转换结构采用了梁式变换。

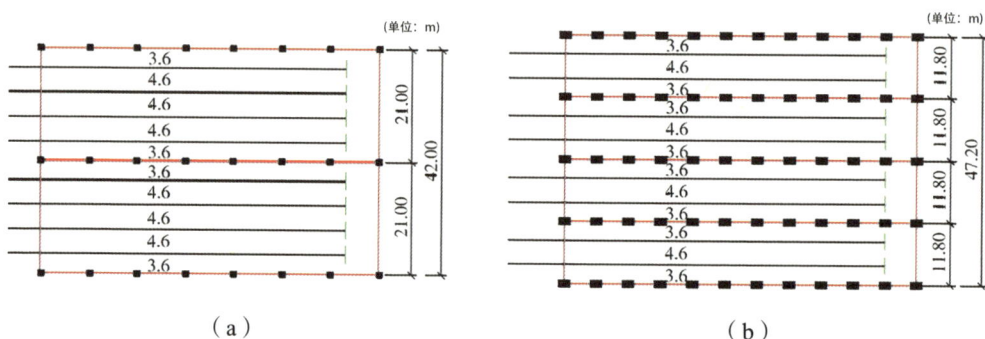

图 5-1　运用库停车区域盖上有无物业开发柱网布置对比
（a）无上盖开发时柱网排布；（b）有上盖开发时柱网排布

2. 盖下厂房高度调整

地铁车辆基地各功能厂房的高度均与工艺要求相关，在上盖物业开发中一定要保证其净空高度达到使用要求，各个厂房的净空高度要求有很大区别，其中停车列检库净空高度为7.2m，咽喉区满足行车的净空高度为4.5m，而定修库净空要求达到11.4m，再加上结构转换与管线高度，整体盖下高度可达9~15m，而上盖居住建筑层高一般在2.9m左右，盖上与盖下建筑的层高差异可能造成结构刚度下部远小于上部，尤其在上部是剪力墙结构的情况下，所以有必要进行结构转换。

5.1.3　结构转换层结构选型

在地铁车辆基地上盖开发中，上盖建筑结构分为结构直接落地与结构转换层转换两种形式，多数情况下上盖建筑需要进行结构转换。

1. 结构转换层的模式特征

结构转换根据上盖结构是否落地分为"全转换"模式与"半转换"模式（表5-2）。

表 5-2 结构转换模式分类

类型	结构转换模式	示意图	优点	缺点	适用条件
结构转换	半转换		结构可靠性高；抗震效果较好；造价较低	盖下功能空间被落地结构划分，对于后期产权分割有影响，盖上调整的余地较小	结构能够部分落地，剪力墙或者交通核与盖下结构对应
	全转换		盖上盖下物理界面划分明确，先期地铁运营不受后期物业开发施工影响；上部户型等建筑功能在后期开发时可做适当调整	盖建筑高度受限，结构构件尺寸大，抗震性能差，施工复杂，造价高	盖上与盖下柱网排布差异较大，或类似咽喉区盖下不能有柱子时

"全转换"是指上盖住宅结构的墙、柱等竖向受力构件全部落在结构转换层中，不干扰盖下的厂房区的结构体系，如北京四惠车辆段采用的厚板式转换；"半转换"则是指上盖住宅结构的竖向受力构件通过在结构转换层的横向转换，部分落在盖下的厂房区内，如北京郭公庄、五路、平西府、焦化厂等车辆段均采用半转换模式，与全转换相比较，半转换的成本更低，且对于转换层的空间高度要求略小，结构的稳定性更强（图5-2）。

实现地铁车辆基地上盖综合开发，关键的技术环节就是解决盖下厂房受限问题，结构转换为解决这一技术难题的关键。结合地铁车辆基地轨道线路布置条件和轨道空隙，

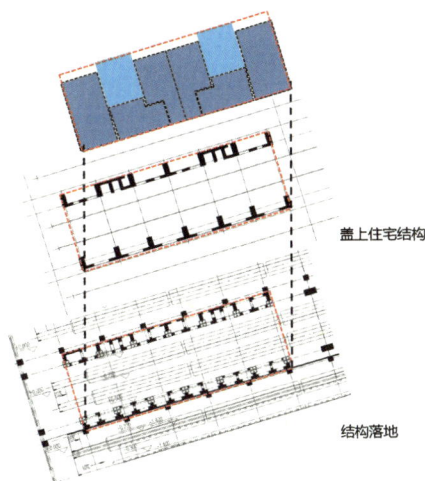

盖上住宅结构

结构落地

图 5-2 半转换模式示意图

在轨行区上方进行建筑平行布局，布置高层住宅或公寓等建筑需要进行结构"全转换"，防止该结构落地对车辆行进造成不利影响。对于停车列检库上部住宅开发，通过调整住宅进深，柱网采用主次梁框架结构体系以适合轨道车辆工艺，使之符合长跨度方向的进深参数，结构形式多采取住宅剪力墙局部落地并预留洞口，以增强结构强度，避免大范围结构转换。郭公庄车辆基地上盖住宅结构落地部分采用剪力墙局部落地，其户型经过调整以适应盖下运用库平面柱网尺寸，提升了结构强度，并使盖上与盖下空间尺度调整适当（图 5-3）。

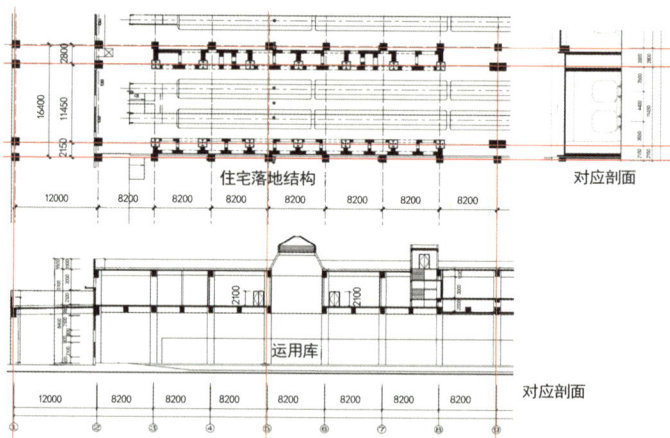

图 5-3　北京郭公庄车辆基地盖下运用库柱网尺度的示意图

2. 结构转换层的多功能利用

转换层作为上盖住宅与下盖厂房的过度层级，一般在住宅的正下方垂直设置结构转换层、设备夹层，并与停车库层并列合建（图 5-4）。其优势包括：首先，转换层合建既可以隔离噪声干扰又节约了空间，为盖上开发留出余地，也增加了更多实用性功能；其次，从多功能综合利用的角度，转换层合建可以满足住宅的车位配比，也可以作为居住物业入口层，还可以兼做物业、会所等居住区配套设施（图 5-5）。

图 5-4　北安河车辆基地盖上开发剖面示意图

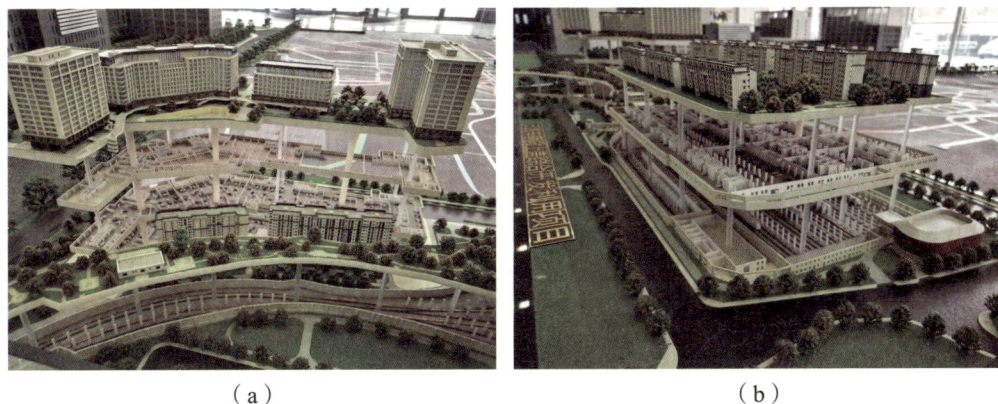

（a）　　　　　　　　　　　　　　　（b）

图 5-5　北京五路辆基地盖上开发剖面模型实景图
（a）五路车辆基地办公区模型剖面；（b）五路车辆基地住宅区模型剖面

　　停车库的平面布置除了满足现行国家规范《车库建筑设计规范》（JGJ 100—2015）外，还应满足以下要点。

　　（1）停车库层应与住宅入口紧密联系，在停车库内做住宅入口大堂时，应尽量做到人车分流设计与无障碍设计，如北京平西府车辆段开发（图 5-6）。

图 5-6　北京平西府车辆段设备夹层兼做停车库平面图

　　（2）停车库应尽量保证车库内的自然采光和通风，最有效的措施是设置下沉广场，通过竖向交通要素与上盖绿化景观进行垂直关联，既丰富了空间景观层次，又可增加一定的商业、娱乐功能。

（3）在我国南方地区，上盖住宅开发可在停车库层上再多设置一层架空层，将结构转换层和设备夹层隐蔽在架空层中，与停车库垂直设置，底层架空区域与停车库盖上绿化景观结合，提供纳凉、娱乐的空间。

3. 结构转换层的结构类型

结构转换类型在我国主要有厚板式转换、箱式站换、梁式转换、桁架式转换等转换方式，其中梁式转换应用最多。

厚板式转换结构在我国应用不多，北京四惠车辆段借鉴香港经验使用此种结构转换方式，但其抗震能力、成本控制等都不能满足我国内地上盖住宅开发的基本情况，因此我国内地不提倡此种转换形式。在中国香港多使用此种转换模式，其规范要求和抗震要求与内地不同。

箱式转换在我国目前只有苏州太平车辆段上盖开发应用此种转换类型，因其盖上与盖下柱网有偏移，不能够完全对应，上下结构刚度差异较大，需要加强结构转换强度，故采用整体箱式转换设计理念，在布置上盖居住建筑结构时应使结构落到箱式转换结构的内肋梁上，使盖上荷载传递最短（图 5-7）[77]。

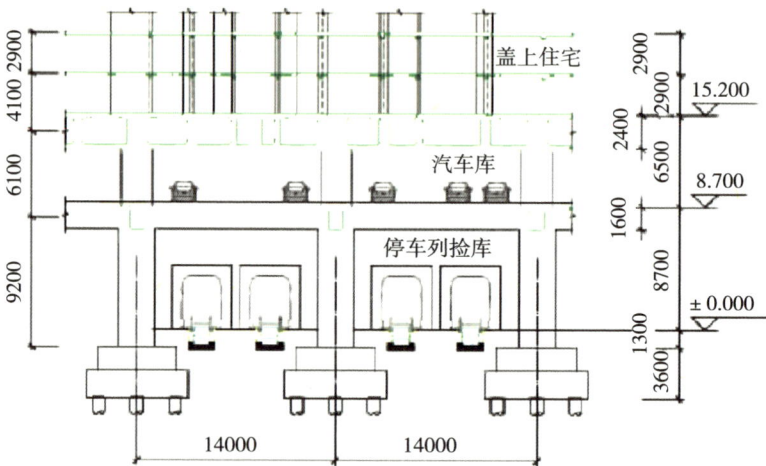

图 5-7　苏州太平车辆段箱式转换结构
来源：《苏州太平车辆段停车列检库上盖物业开发复杂高层结构设计》

梁式转换结构是我国运用最多的转换层结构，其有造价低、计算简单、施工快速、安全可靠等优点。例如，深圳松岗车辆段一层楼面标高 9.00~9.64m，二层层高 13.00~13.64m，二层为转换层，层高 4m。其采用梁式转换层，转换层承担转换

11 层所有荷载，将荷载传递至柱为本工程关键结构。梁式转换结构对上盖物业的高度和结构形式限制较小，高层建筑多采用框剪结构，剪力墙可结合轨道空隙，在轨行区上方进行建筑平行布局，局部落地剪力墙须预留洞口，以增强结构强度，避免大范围结构转换（图 5-8）。梁式转换结构也适用于盖下其他功能区域（包括办公区、附属用房等），结构转换最为灵活；其适用范围也包括柱转换来改变柱网布置。

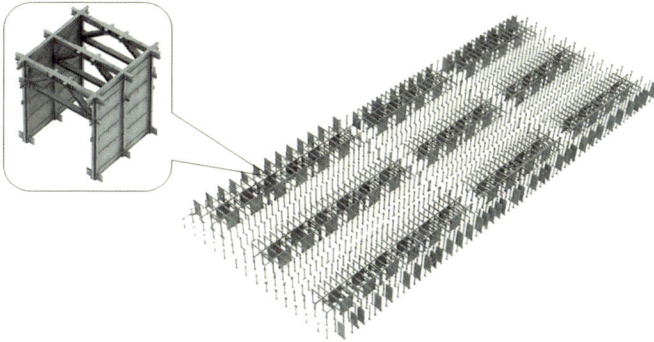

图 5-8　剪力墙梁式转换示意图

　　桁架式转换结构，国内只有深圳横岗双层车辆段上盖开发使用，项目开发初始选择为梁式转换结构，但因其在建设时施工难度非常大、质量和安全风险突出、工期延长、施工成本大大增加等问题，将转换结构从梁式转换结构改为双层桁架转换体系。车辆基地盖上下分别为框架结构与框支剪力墙结构，其将原转换层层高降低，由 7.2m 降低至 5.1m，将其顶板作为荷载转换平台，针对盖上塔楼单体进行局部转换，单独设置桁架式转换结构（图 5-9）[78]。

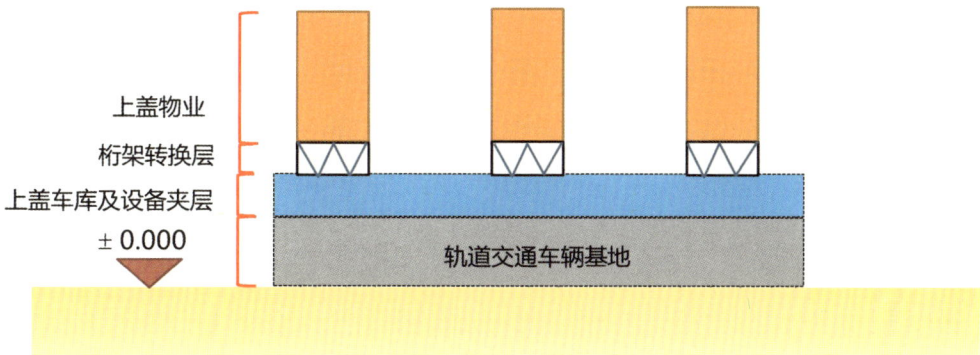

图 5-9　桁架式转换结构示意图

4. 转换层的层高确定

一般转换层的层高由 3 部分决定：①是停车场净高；②是设备夹层高度；③是结构转换构件高度。停车场净高一般在 2.5~3.0m；设备夹层主要是将上盖物业的上下水管、采暖、通风管线以及电力管线汇集并与市政管网连接的夹层，其层高一般在 1.5m 左右；结构转换构件的高度主要跟结构转换形式和住宅高度有关，其层高一般在 2.0m 左右（图 5-10）。转换层的层高尺寸公式为：

$$H_{转} = h_1 + h_2 + h_3 \qquad (5\text{-}1)$$

式中：h_1——结构转换构建高度；

h_2——设备夹层高度；

h_3——车库净高。

$H_{转}$ 最小为 6.5m。

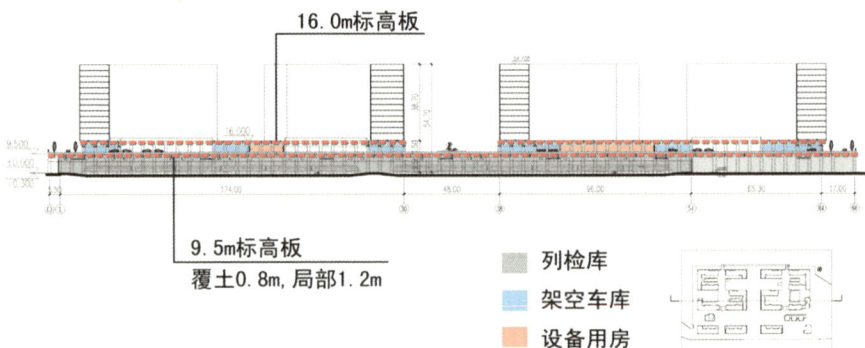

图 5-10 深圳塘朗车辆段夹层功能剖面示意图

5.1.4 地铁车辆基地上盖结构选型

地铁车辆基地上盖开发多数以住宅为主，盖上居住建筑结构选择需要考虑较多因素：城市建设主管部门对于局域建筑高度、密度、容积率的要求需要遵守；整体开发强度的拟定，对于盖上居住建筑的开发需要进行精细核算成本，得出合适的开发强度；各地抗震设防烈度对于各类钢筋混凝土结构类型有着很大影响，框架结构在抗震设防烈度为 8 度地区建筑高度受限到 40m，上盖开发还需要进一步降低高度（表 5-3）。最终在以上因素影响下，根据开发需求进行盖上居住建筑的结构选型，超过一定高度建筑需要单独进行结构超限研究与审查。

表 5-3　现浇钢筋混凝土房屋使用的最大高度表　　　　　　m

结构类型		抗震设防烈度				
		6	7	8(0.2g)	8(0.3g)	9
框架		60	50	40	35	24
框架 - 抗震墙		130	120	100	80	50
抗震墙		140	120	100	80	60
部分框支抗震墙		120	100	80	50	不应采用
筒体	框架 - 核心筒	150	130	100	90	70
	筒中筒	180	150	120	100	80
板柱 - 抗震墙		80	70	55	40	不应采用

来源:《建筑抗震设计规范》(GB 50011—2010)。

1. 钢筋混凝土框架结构

此种结构类型结构柔韧性较好,结构构件布置比较灵活,主要受力构件为梁、板、柱,有利于住户的二次装修和改造,因居住空间开间较小,柱网布置过密,房间内露梁露柱,给装修和家具布置带来一定的困难,且在上盖居住建筑开发中,其开发高度严重受限,整体抗震性能较差,需要采用一定技术措施进行处理。上盖开发中多层、小高层住宅建筑多数为此种结构形式,其有两种利用方式:①全部结构能够落地,盖上与盖下结构进行对应,可以不用设置结构转换层,有利于节省成本,但结构计算复杂,且盖上建筑设计受限严重;②进行结构转换,"全转换"模式盖上平面布置相比结构落地方式较为灵活,"半转换"模式盖上与盖下框架结构都需要进行一定的调整,做到主要结构对位,部分落在转换层。

2. 钢筋混凝土短肢剪力墙

上盖居住建筑采用钢筋混凝土短肢剪力墙结构形式,其抗震性能突出、墙肢较短、布置灵活、调整性大,满足建筑平面的要求,相对剪力墙,墙的数量减少,造价较低,使结构自重减轻,减小结构整体刚度,且能满足高层居住建筑结构要求;相对于钢筋混凝土框架结构,该结构形式户型比较规则,有利于家具布置。上盖居住小高层、高层多采用此种结构方式,需要进行结构转换,部分短肢剪力墙可落地,如深圳横岗车辆段、北京郭公庄车辆段等。

3. 剪力墙结构

上盖居住建筑高层住宅最理想的结构形式是剪力墙结构，一般分为小开间、大开间两种布置方案，适合相对规则的平面和房间分割。上盖居住建筑采用剪力墙结构，布置上部结构剪力墙时尽量使墙肢直接落到转换结构的内肋梁上，这样可使传力路径达到最短，结构受力更合理。剪力墙结构对盖下车辆基地影响较大，只能部分结构落地，其结构设计受到限制，成本较高，采用案例较少，苏州太平车辆段上盖物业开发采用剪力墙结构，相应采用箱式转换层，保证整体结构稳定性。

5.2 盖上盖下消防减灾

5.2.1 多方面整体消防设计

因目前国内无与车辆基地综合开发相关规范，基本都进行消防性能化设计，上盖物业与盖下功能区因功能、空间、交通相对独立，消防疏散体系应各自独立。车辆基地内各类厂房，其防火规范依据《建筑设计防火规范》(GB 50016—2014) 厂房（仓库）部分执行，盖上居住建筑属于民用建筑，其防火规范依据《建筑设计防火规范》的民用部分执行。

1. 消防车道

地铁车辆基地与其上盖物业开发应分别有各自独立的消防出入口、人员出入口和消防车道。上盖平台区域需设置满足大型消防车双向通行的消防车环道，同时预留消防车高空作业空间，并在盖上预留天窗供消防使用，各消防车道应均与市政出入口相接，开发居住功能时至少有 2 个主要出入口与周边道路衔接。在设计时还应考虑上盖物业的面积一般较大，需要满足在消防站接到防火警报之后 5 分钟消防部队可到达责任区边缘的要求，则可以针对上盖物业单独设立小型消防站。杭州地铁七堡车辆基地的消防车道设计从三个基本层面来看，每个层面都是有两个相仿车道的出入口，在 9m 平台上设置两处坡道，使消防车上至 13.5m 平台，住宅组团内部和周边均设置环通的消防车道（图 5-11）[79]。

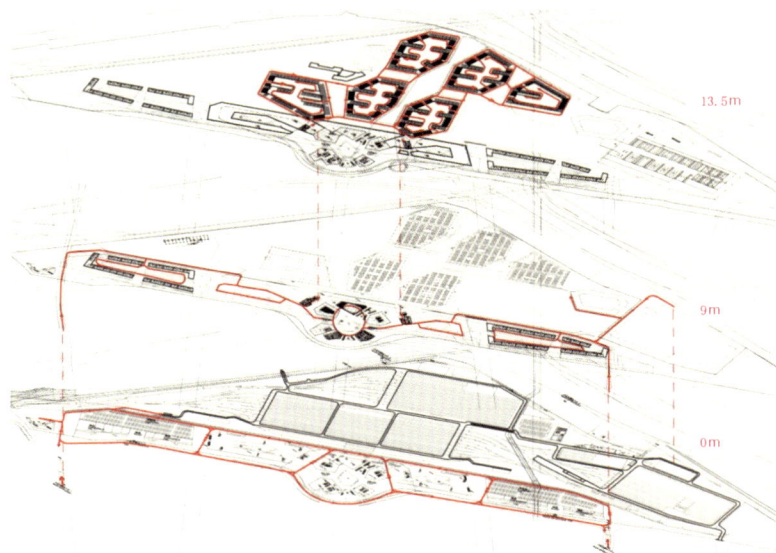

图 5-11　杭州地铁七堡车辆基地消防流线分析
来源：AREP

2. 消防分区

根据性能化防火要求，采用耐火极限满足消防要求的结构顶板作为上部物业开发的安全疏散平台，并将盖上与盖下进行完全分隔，使得上方火灾对于下方车辆基地运营不造成影响。车辆基地运用库为戊类厂房设计，耐火等级二级，其防火分区建筑面积不限，根据 GB 50016—2014 中相关说明安全疏散距离为 60m，盖上车库、居住建筑等按照相应防火规范进行防火分区划分[80]。

深圳蛇口西车辆基地 1 号地块，由 8m、12m 平台构成，8m 平台下有车辆段试车线与车辆段餐厅、派出所等建筑，12m 平台下为车辆段司机宿舍和联合检修库，8m 高平台竖向采用 4 小时耐火极限的防火板将物业车库与下方车辆段功能分离，采用 4 小时耐火极限的防火墙将物业功能与车辆段进行分隔（图 5-12）。2 号地块 10.5m 平台竖向采用 4 小时耐火极限的防火板将物业车库与下方车辆段功能分离，车辆段库房、厂房屋顶不设采光天窗，以保证物业开发与车辆段的完全分隔，下方车辆段内结构柱耐火极限也为 4 小时（图 5-13）。

图 5-12　深圳蛇口西车辆基地 1 号地块竖向防火分区示意图
来源：北京城建设计研究总院

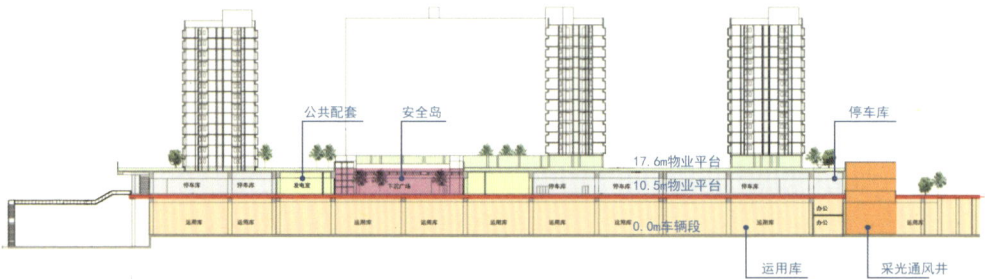

图 5-13　深圳蛇口西车辆基地 2 号地块竖向防火分区示意图
来源：北京城建设计研究总院

3. 防火构造

4 小时防火板做法。为满足 4 小时的防火要求，钢筋混凝土平台楼板在构造上进行了特殊处理，主要体现在受力主筋的混凝土保护层厚度上：平台梁侧、下表面混凝土保护层厚度取 60mm；平台梁板侧、下表面混凝土保护层中附加钢筋网片，钢筋网片保护层厚度取 15mm；平台板下表面混凝土保护层取 45mm。

4 小时防火墙做法。防火墙为满足 4 小时防火要求，车辆段与物业车库层隔墙采用不小于 150mm 厚加气混凝土砌块墙体，20mm 厚水泥砂浆抹面做法。

变形缝构造为了做到完全消防分隔，楼板处的变形缝需要特殊处理，加入耐火性能达到 4 小时的阻火带进行封堵，同时为避免阻火带材料老化或者变形缝处渗漏引起材料吸水脱落，在其底板处用不锈钢板排水槽进行防水处理（图 5-14）。

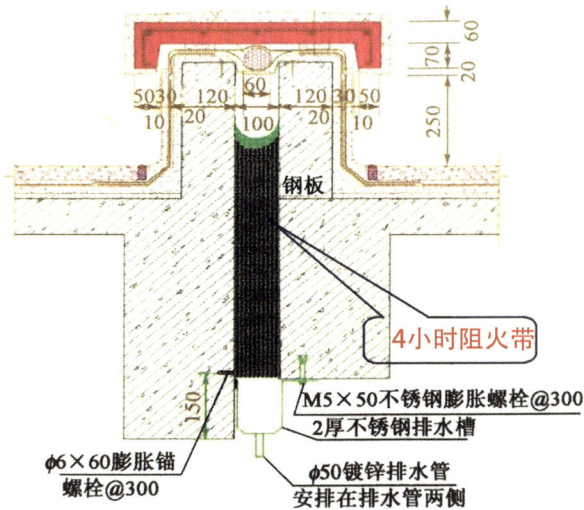

图 5-14　变形缝构造做法示意图
来源:《深圳地铁 2 号线车辆基地建设实践》

5.2.2　用多种方式进行人员疏散

上盖物业应以物业层为消防基面,在上盖物业设计应预留足够开敞空间足够人员疏散使用,并且设置相应高度的平台与疏散空间有竖向交通要素联系,保证人员能够在安全时间内疏散至地坪层,形成从灾害危险区域到相对安全区域,再到最终其安全区域的完整的人员疏散交通组织系统。

一旦灾害发生,盖上平台为首要人员疏散界面,所以其空间设计应有聚合效应,能够形成户外大空间,并与盖上平台对外交通连接要素有着紧密联系;上盖物业的车辆坡道、对外高架连廊等都可以成为临时的疏散通道;过渡空间的出口、整体外部空间的广场都可作为人员疏散的大通道。在设计时需要对盖上人流疏散至地面安全区域时间进行精确估算,可运用人流计算软件进行模拟,优化盖上竖向、水平的疏散设计,满足盖上人流大面积、快速疏散的需要。深圳蛇口西车辆基地在 15m 标高层设置舒朗的室外空间,满足了人流疏散的外部空间需求,在 9m 标高层结合竖向交通要素设置入口广场与下沉广场并用通道联系,满足竖向疏散要求。

5.2.3　形成层级化应急减灾体系

1. 建立一体化防灾减灾网络

快速应急减灾应形成区域联动，依托整个区域的应急救灾资源与消防设施，进行灾民临时安置、医疗救治等。地铁车辆基地上盖开发位于城市核心之外，对于应急救灾资源较为缺乏，需要依托整体区域，完善其应急救灾体系，如上盖开发面积较大，应单独考虑设置区域消防站、应急安置点、社区医疗中心等设施。

2. 保持救援通道的畅通有序

地铁车辆基地周边城市主干道与次干道都为应急救援通道，因车辆基地位于城市郊区，但其形体巨大，使得其靠近城市主干道，但上盖物业周边城市道路的数量受到限制，内部道路也很难与周边城市道路形成顺畅联系，所以保持消防通道的顺畅对于应急救援十分重要，在具体布局中也应该加强上盖物业与城市空间直接或间接联系。

3. 建立层级清晰的避难空间

在灾害发生之后，人员需要一定空间进行应急避难，上盖建筑的快速避难场地是上盖平台、对外高架通道等开敞的户外空间，并在周边学校、广场、绿地、沿街空间等进行临时避难，等情况稳定下来，受灾人员可进入周边近距离的收容中心进行临时的安置，形成一套适用于上盖物业开发的避难空间体系。

5.3　盖上盖下减振降噪

减振降噪是地铁车辆基地上盖物业开发中最明显的技术问题，很多项目为了解决这个问题采取了很多措施的尝试，目前部分措施已经相对成熟，被市场认可。从北京、深圳、广州三个城市总结地铁车辆基地上盖物业开发中为了减振降噪所使用的措施（表 5-4）。

表 5-4　减振降噪措施案例汇总表

城市	项目	咽喉区轨道	运用库轨道	建筑结构	室内处理措施
北京	万科西华府	碎石道床＋梯形枕轨（橡胶垫层）	轨道扣件（浮轨式减振扣件），预留安装	—	双层中空玻璃
	公园悦府	碎石道床＋梯形枕轨（橡胶垫层）	轨道扣件（浮轨式减振扣件），预留安装	—	双层中空玻璃
	琨御府	碎石道床＋梯形枕轨（橡胶垫层）	轨道扣件（浮轨式减振扣件），预留安装 进出线侧壁：目前架空，现考虑进行封闭，白地临近建筑有明显噪声影响	—	双层中空玻璃 减振地板
深圳	前海时代	采用小曲率半径轨道	碎石道床、重型钢轨及钢筋混凝土长轨枕	—	双层中空玻璃
	朗麓家园	未采用	道砟垫/高弹性垫板弹性分开式扣件/高弹性减振扣件	—	普通玻璃
广州	官湖	咽喉区：减振垫 试车线：梯形轨枕减振道床、无缝线路	高弹性垫板扣件	幼儿园及学校设隔振层，三维隔振支座	双层中空玻璃

5.3.1　整体结构减振处理

地铁车辆基地开发中基地车辆运行对上盖开发产生的振动影响是不可避免的，因此对盖上进行降振处理能够增强建筑空间的稳定性，同时能够提升人们使用的舒适性。层间隔振是最近几年出现的一种比较新颖的隔振结构形式[81]。由于其隔振层位于地面以上一层或更高的位置，可以避免在结构与周边地面设置隔离缝带来构造处理方面的难题。此外，层间隔振降低了对隔振层顶部楼盖刚度和承载力的要求，可以减轻结构自重，节约建造成本（图 5-15）[82]。常见的减振措施还有深沟隔振、连续屏障隔振、非连续屏障隔振、土壤改良等，具体减振措施要结合实际项目进行分析和模拟测试设计方案。[83]对于车辆基地空间的减振措施从地铁与轨道之间产生的振动源出发，将结构与轨道进行分离，减少振动的传递；在咽喉区采取减振垫，减轻车辆变轨时振动的传递；试车线上采取梯形轨枕道床和无缝轨道；在运用库区域，设置高弹性扣件；还可使用碎石道床分散振动等。另外一种减少振动的方法是对盖下建构构件进行减振处理，如在运用库柱子的底部周围设置一圈隔振沟，平台与盖上建筑之间采用三维隔振橡胶支座，或在钢轨和轨枕之间加隔振材料，也可在结构设计时，相应加厚上盖楼板厚度等（图 5-16）[84]。深圳前海湾车辆基地在咽喉区采用小曲率半径轨道；运用库采用碎石道床、重型钢轨以及钢筋混凝土长轨枕措施。

图 5-15　层间隔振

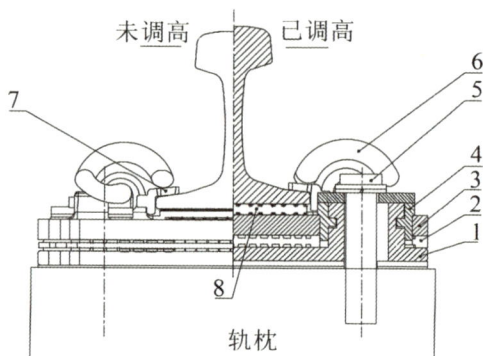

图 5-16　双层非线性减振扣件

来源：参考文献 [85]

5.3.2　车辆运行噪声控制

地铁车辆基地盖下噪声对上盖物业日常运行产生巨大影响，根据《声环境质量标准》（GB 3096—2008）的规定，住宅与行政办公区域声环境应达到 1 类声环境标准要求，即昼间 55dB（A），夜间 45dB（A）；而商业功能区域声环境应达到 2 类声环境标准要求，即昼间 60dB（A），夜间 50dB（A）[86]。地铁车辆基地盖上噪声来源主要由地铁车辆日常工作运行所产生的，其次是部分盖上基地边缘相邻市政道路，由外部车辆带来的噪声。

1. 声源控制方法

地铁车辆基地盖下车辆运行噪声在传输过程中受到大气吸收、几何发散、屏障隔音等因素影响会逐渐衰弱，首先控制噪声可从声源进行控制，可在地铁车辆基地的试车线以及咽喉区等区域采用具有减振降噪效果的轨道减振器或设置全天候道床吸音板，迷宫式约束阻尼钢轨具有降噪效果的构件。普遍地铁车辆运行时间在早上 6 点至晚上 11 点，因此其出入库运行时间至少为 17 小时，噪声产生的时间较长，为了减少噪声影响，可以在盖上居民休息时间内减少盖下空间的不必要施工以及检修试运行的工作。控制车辆进出车辆基地的运行速度，速度减慢的同时噪声减弱；设备等具有噪声的功能器械选用低噪声型号；加强对车辆段可以发出噪声机械的保养维护，使其在良好工况下进行工作，避免老化等原因带来的机械噪声。

2. 传播控制方法

在车辆进出出入段线和咽喉区时产生的噪声最大，出入段线处车辆进出时会进行鸣笛并产生灰尘，并且由于此空间狭窄，会将出入段线处的两侧进行半开放式处理，在视觉上进行遮挡，在声源上半开放式空间能够减弱声音的传播（图 5-17）。咽喉区主要是由于车辆变轨等产生的噪声，因此在咽喉区盖上主要进行绿植空间的开发，能够有效的降低噪声，并减小对居民以及住宅产生的影响，同时可以改善提升上盖物业的空间品质，提供更多的活动空间以及景观空间。除此以外，将结构转换层进行整体的隔声处理，包括有顶板的隔声处理、盖上的覆土、设置噪声屏蔽等措施均可有效的降低噪声对盖上居民日常生活的影响。五路地铁车辆基地在出入段线两侧进行半开放式处理，在不影响美观的前提下，同时减弱了噪声的传播（图 5-18）。

图 5-17　北京五路车辆基地出入段线两侧

图 5-18　噪声屏蔽罩

5.3.3　外部车辆噪声源控制

在地铁车辆基地有限的盖上空间范围内，部分设计将住宅布置在相邻基地边缘处，同时为了方便车辆到达盖上空间，将基地与市政道路相连接，或架设高架进行连接，使得车辆行驶基面抬高，车辆行驶过程中的鸣笛、摩擦声等对住宅产生噪声影响。通常为了衰减噪声的传播，会在道路两侧安置隔音板等进行隔音。部分地段可进行车辆限速和禁止鸣笛通过控制噪声源来减少噪声。最根本的控制在于，地铁车辆基地上盖开发设计时避免住宅区与市政道路设计过于邻近。对于上盖空间建筑，商业建筑对于噪声控制需求不大，相对办公、住宅等建筑可配置隔音玻璃对外部噪声进行阻断。

第6章

基于数字上盖的
智能统筹设计策略

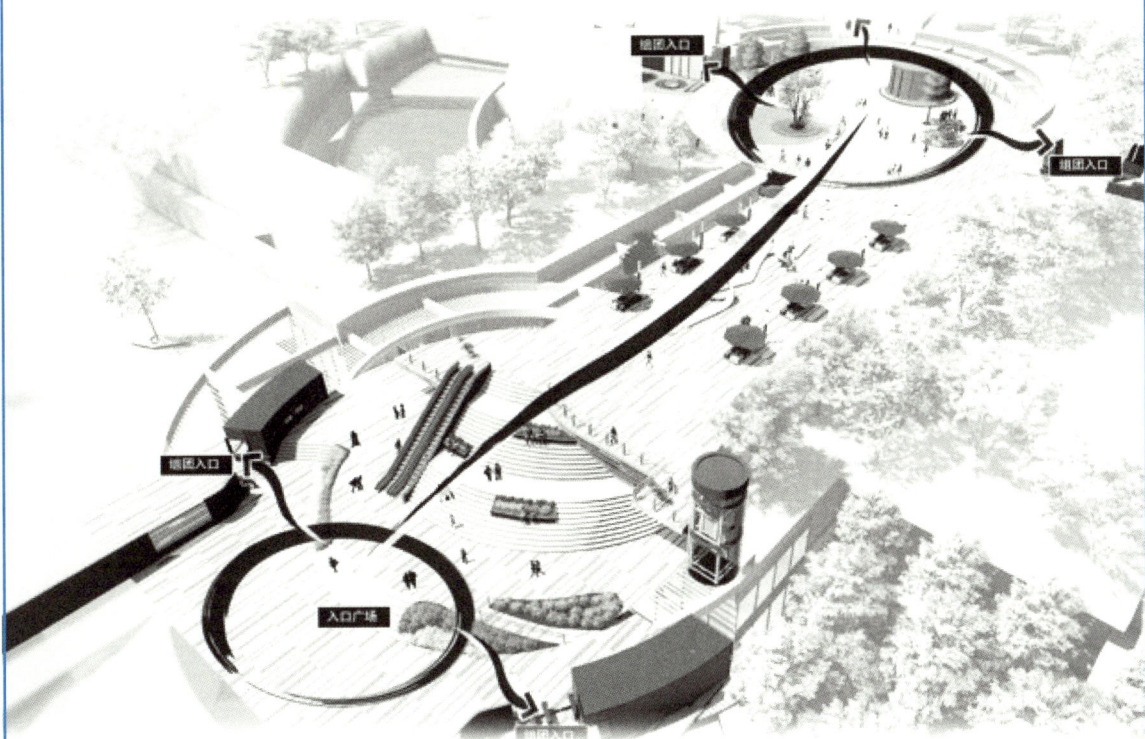

6.1 上盖智能化系统利用

6.1.1 BIM 全流程统筹

1. BIM 管控平台

BIM 将项目全生命周期过程的所有几何物理、功能特性等静态数据及三维模型构建、施工进度模拟、成本管理等动态过程信息集成到一个模型，其数据集成特性及数据存储、共享和交换能力为标准化的协同作业提供了底层支撑，促使工作流程从阶段性流程逐步走向集成与协作[87]。地铁车辆基地上盖开发所涉及的单位多、专业多、角色多，能够从前期项目的设计、施工到后期运维全生命周期的多方位信息共享，建立综合信息共享平台、工作业务平台、工程管理平台、协作管理平台、资源管理平台等为一体的 BIM 项目管控平台[88]。依据上盖开发项目以及技术的成熟，新项目的建设更多在基地建立前期进行盖上盖下一体化开发，能够有效的做到项目的协同设计，解决设计以及施工过程中的设计难题，使得整体工程的效率以及质量得到极大的提升。

北京榆树庄车辆基地上盖开发将 BIM 在方案前期和建设阶段以及设计、施工、深化等各方面进行运用，共同完成项目模型创建工作；建设和交房阶段中开发一体化管控应用协同平台，统一全公司同类项目模型创建标准，使之具备协同平台上线要求；在建设、移交、运营阶段根据 BIM 模型等级制定智慧社区实施方案、预留预埋设备及系统设计的全套解决方案，运营交付后智慧平台建设、管控系统及手持 App 开发、接入、维护。综合上述数字化智慧管理为榆树庄车辆基地的业主提供充满现代化信息服务的生活工作环境（表 6-1）。

广州市越秀地产大湾区轨道交通开发公司作为广州地铁六号线萝岗上盖开发的开发公司，积极深入对 BIM 管控运维技术的掌握，并将 BIM 管控运维技术带入实际项目中。在萝岗车辆段上盖综合开发 BIM 实践中，广州地铁设计研究院有限公司以一个共同数据库为中心，组织统一、可交互的设计信息数据流程，搭建了多专业、多单位共享中心协同平台。应用 BIM 生产制造装配式建筑，集合智慧建造、物联网、互联网、产品智能化的集约型住宅建筑形式。

表 6-1　地铁车辆基地上盖开发阶段

第 1 阶段	第 2 阶段	第 3 阶段
方案前期 + 建设阶段	建设阶段 + 交房阶段	建设、移交、运营阶段

2. BIM 生产建造

BIM 生产建造是通过数字化企业建立数字化车间，采用智能系统、智能装置、智能器械实现产品智能化，形成智能设备，通过物联网和互联网的配合最终进行统一分析、制造出最符合当下需求、快速建成、减少投资的装配式建筑。装配式建筑通过 BIM 生产建造钢结构预制构件、混凝土预制构件、幕墙龙骨预制构件，同时进行机电设备管线的预制和预制成品综合支吊架这些过程实现的（图 6-1）。从广义来

图 6-1　智能建造

说，装配式建筑是指在工程建造过程中能够提高工程质量、保证安全生产，节约资源、保护环境、提高效率的技术和组织管理方式。BIM 技术在装配式建筑的应用中，倡导建造节能、环境保护，强调建筑产品生产工艺和生产方式的变革，注重建筑产业链集成和项目全生命周期的集成化管理，以一种全新的模式、理念来实现效益最大化，并最终形成产业链整合、组织集成化、节约工程造价、缩短建造工期的优势。由于 BIM 生产建造的优势，多数上盖开发商为了追求利益化，将上盖住宅建筑进行标准化、模式化、模块化设计，利用装配式建筑提升上盖开发的回报效益。

6.1.2　人工智能全系统利用

1. 人工智能服务

地铁车辆基地上盖开发以地铁车辆段为建设基础，以智慧地铁为发展前提，在实现城市轨道交通运营、服务的智慧化前提下，将地铁地下及其周边上盖综合体进行协同发展[89]。上盖物业开发利用人工智能技术可以准确识别、理解视频监控数据，引入人工智能技术可以实现上盖空间的运营服务、居住管理、安全防护等场景化智能分析控制[90]。在智慧上盖社区服务中，可建设智慧社区综合服务平台，连通政府监管部门、社区居委会、社区服务中心、街道办、业主居委会等，利用线上智慧运维系统，搭建为上盖居民服务的手机访问平台 App，构建保障、多单位协作、便捷、安全的上盖智慧性服务（图 6-2）。传统社区拥有社区后勤管理部门，在数字上盖的策略下，提倡建立上盖自控管理系统，在传统楼宇自控系统下借助物联网和 AI 技术，实现智慧照明，系统分析外界环境的照明程度，自动调节楼宇之间的灯光开启情况；实现智慧控温、智慧新风、智慧电力等绿色节能服务，让人们在上盖空间达到体感舒适的生活环境[91]。榆树庄车辆基地开发以 BIM 信息模型为基础，结合云应用、物联网、数字孪生技术，汇集智能楼宇、智能家居、智慧物业、智能安防、数字生活等诸多领域的绿色功能，为社区居民提供一个安全、舒适、便利、低碳的现代化、智慧化、数字化社区生活环境[92]。

图 6-2　智能服务

2. 人工智能隐私安防

地铁车辆基地上盖开发相对于城市空间开发区域而言，基地面积有限，功能结构复杂，存在开放性空间和私密性住宅空间界限不清的状况。为了保障私密住宅区域的安全性，通常在住宅区的出入口设置门禁或门卫管理，伴随人工智能科技的发展，可在盖上区域布置全系统的视频监控，利用人工智能技术，实时分析视频内容，将海量的视频数据转化为有效的数据，以提高监控系统效率[93]。安防系统的数据分析、人脸识别等技术可以使居住区业主在门禁处达到无障碍出入，不需要通过刷带门禁卡等形式进入，提升居民使用的便捷度；对于车辆进出上盖空间和停车空间时，能够进行车辆智能识别，自动放行车辆进出；上盖空间面积较大，可将电子巡更系统安置在上盖物业重点区域，利用机器人巡更系统进行辅助巡逻，保障上盖安防。榆树庄车辆基地上盖物业在保护上盖居民隐私安全方面，采用智能安防系统，其部署方式包括上盖空间无死角视频监控、智能出入口、车辆智能通行以及双重巡更等，减少上盖空间安全隐患，保障居民安全性（图 6-3）。

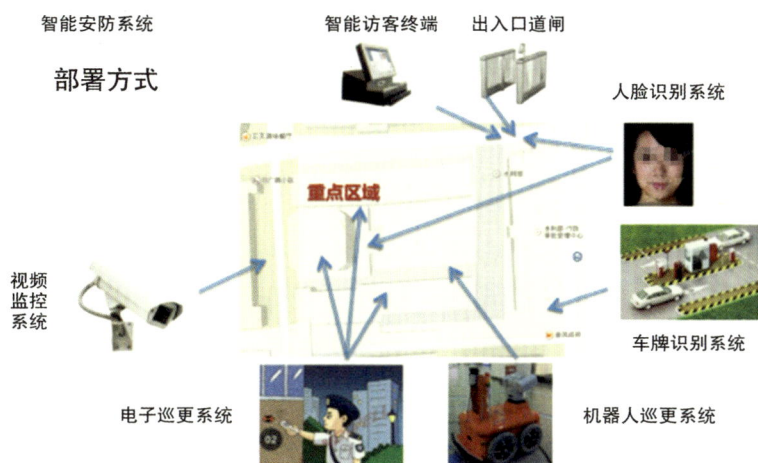

图 6-3　北京榆树庄车辆基地智能安防
来源：北京市基础设施投资有限公司

6.1.3　大数据全方位共享

地铁车辆基地上盖物业的建设技术采用数据技术，数据技术的调研方法包括：行为分析、模型预测、规划模拟、方案设计、运营管理。结合规划设计与交通工程、信息技术、智能技术的理论方法，同时采用空间句法、BIM技术、虚拟现实、交通模拟的数据技术进行上盖物业的规划及建筑设计。数据技术为揭示人的行为规律提供数据支撑[94]。全方位、全流程、多平台、多单位的数据采集和数据共享能够使上盖开发从设计到施工以至到后期运营管理中得到多方面效率的提升，同时能够将数据进行共享分析，为以后的上盖开发项目提供可查询、可参考的依据[95]。榆树庄车辆基地上盖在开发中采用智慧停车系统，由云平台、用户应用端、停车管理端、大数据平台静态交通管理平台构成，集成信息传输到互联网云平台。数字孪生技术通过对榆树庄车辆基地的数据采集和数据快速分析进行数字治理，车辆基地集结感知层、传输层、处理层、应用层四个结构层进行整体性、全方位的智能治理（图6-4）。

图 6-4 北京榆树庄车辆基地大数据分析平台
来源：北京市基础设施投资有限公司

6.2 上盖开发管控与运维

6.2.1 权属与开发时序

1. 明确土地权属

明确土地权属性质，是开展地铁车辆基地上盖开发的前提，只有明确土地权属才能保障后续设计界面的划分以及设计工作的正常展开。各个地区城市在近几年内都提出相应的规定进行对车辆基地用地和开发用地权属界面的划分，保障了空间关系的清晰明确。根据我国的土地政策，TOD模式推广中可操作的土地主要集中在车辆段、停车场及车站周边。获得土地主要有以下 3 种方式：①作价出资；②协议出让；③政府扶持（表 6-2）。我国地铁土地运营模式主要分为三种：①土地开发；②房地产开发；③政策扶持（表 6-3）。广州土地权属划分模式是由政府授权、股份合作与开发商联合开发沿线物业发展，是在广州市政府的直接领导下进行，在合作开发模式方面，由地铁公司向市政府取得沿线物业发展地块的开发权，然后与发展商签订合作合同，成立项目合作公司，共同开发，物业发展所得收益由双方按合同商定的方式分享，地铁总公司所得收益用于支付地铁部分设施的建设费用。

表 6-2　地铁土地获取方式

类别	内容
作价出资	1. 政府以土地使用权的评估值作为资本金注入市属地铁集团——融资 2. 物业开发收益偿还政府债务融资、平衡运营缺口
协议出让	1. 政府通过出台办法或会议纪要的形式，将土地使用权协议出让给市属地铁集团 2. 市属地铁集团进行建设融资和物业开发
政策扶持	1. 政府招标，降低补助负担 2. 线路运营和上盖物业开发主体为一家公司，确保地铁建设和运营安全，实现资金平衡

表 6-3　地铁土地运作模式

类别	内容
土地开发	1. 一级开发由政府总负责，开发的收入专项用于地铁建设 2. 地铁公司通过政府无偿划拨获得土地后，直接进行一级开发操作，组织招拍挂，获得的收入直接用于地铁建设
房地产开发	1. 地铁公司中标独立开发，取得的收入间接用于地铁建设 2. 开发商中标独立开发 3. 地铁公司与开发商合作开发，取得的分成收入或持有性物业直接或间接用于地铁建设、运营 4. 地铁建设与地铁沿线物业捆绑开发，限制由同时具备地铁建设、地铁运营和房地产开发资质的开发商或地铁公司中标开发
政策扶持	1. 土地的一级收储权利和开发权利 2. 延交地价，提前预售 3. 协调旧城区拆迁工作，行政辅助政策，适用更灵活的拆迁安排及补偿政策 4. 融资优惠政策。在为物业发展筹措资金时，可以获得低息贷款 5. 税收优惠政策。物业开发形成的税费由政府作为资本金专项返还到地铁建设 6. 与政府紧密合作制定运输计划，加强地铁车站的接驳服务，包括泊车以后转乘地铁的停车场及为接驳地铁而改建的公共大、小巴和的士站等设施，从而吸引更多的地铁乘客和地铁沿线发展物业的使用者

2. 明晰开发时序

在车辆基地建设项目初设规划时，应同时进行数据分析，规划工程上的时间进程。对于盖上盖下开发时序与产权的分立，应进行多方的规划协同，保证盖上和盖下工程的顺利进行。地铁上盖开发在建设开发时序安排方面有三个关键环节：①车辆基地改造和一级开发建设时序；②整个一级开发区域的出让时序；③地铁上盖自身的出让时序，需要综合考虑项目工期、资金补偿时点、施工难易程度等影响因素，本着有利于一体化开发、综合效益最大化的原则制订开发时序计划。对于正在筹备建设的车辆基地项目，应做好基地开发整体策划，如进行上盖物业开发，在设计阶段可进行盖上盖下的同步进行，同时确保设计团队之间的沟通畅通，在基地建设前期预留好盖上结构的连接关系及插口等，避免工程的反复。根据对盖上功能职位的数据分析统计，了解上盖物业管理岗位的分布，合理安排时间进行岗位实习培训，以保证上盖物业建成时，各方管理服务岗位的按时就位。榆树庄车辆基地上盖物业开发在前期筹备阶段制定关于各个部门在各个阶段配合的时期和相关工作（表6-4）。

表6-4　各实施阶段参与方及施工

阶段	协调单位	工作内容
方案前期+建设阶段（一、二级）	设计、施工、深化等各参与方	一级与二级建设阶段各参与方分阶段共同完成项目模型创建工作
建设阶段（一、二级）+交房阶段	BIM总体协调单位	1. 制定项目组内各方模型创建标准验收并移交模型成果，必要时完善 2. 建设期内提供全套解决方案并提供模型成果验收及移交 3. 统一全公司同类项目模型创建标准，使之具备协同平台上线要求 4. 开发一体化管控应用协同平台
建设、移交、运营阶段	智慧社区咨询单位	1. 建设初期根据BIM模型等级制定智慧社区实施方案并梳理资方需求 2. 一级预留建设与二级开发建设间预留预埋设备及系统设计 3. 运营交付后进行智慧平台建设管控系统及手持App开发、接入及维护

6.2.2 一体化管理与风险控制

1. 一体化管控模式

地铁车辆基地上盖物业开发由于其建设的特殊性、所涉及管控部门的复杂性以及设计施工中的综合性，建议实施一体化管控模式。该模式能够发挥战略投资管理、资本运作、资源整合、管理创新、地铁投资建设和统筹协调地铁建设、物业、运营的一体化进程等六大主体功能，从而将资金、人才、硬件设备和软件信息等各种资源有效集中和优化，在各个不同业务板块之间形成有效沟通。最终使建设与运营成本大大降低，保障日后的顺利运营，在整体上实现效益的最大化[96]（图 6-5）。如深圳地铁公司为了实现地铁同物业的一体化开发与建设，将公司改制为企业集团，由总公司负责所有业务的一体化管理与控制。

2. 全面风险控制

地铁车辆基地上盖开发建设的资金投入较大，并且涉及公司、部门、组织等之间的关系较为复杂，因此做好企业自身的全面风险管理能够降低投资风险，同时增强企业面对各种变故的应急能力，保障资金的稳定性与持续性，避免资金链断裂。对于企业公司内部之间，做好完整的结构框架，规范操作流程，使内部工作进行协同顺畅，达到综合性、效率性较高的管理运营模式。企业开发的规范性能够在地铁车辆基地上盖开发中与不同公司、合作单位、合作部门之间达到协同和统一的管理运行，有利于参与开发的各方之间降低合作成本，提高开发效率（图 6-6）。

图 6-5　一体化管控模式　　　　图 6-6　全面风险管控组成部分

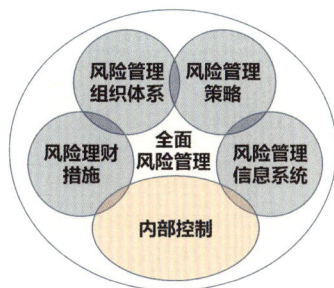

6.2.3　上盖运营与后期维护

1. 上盖运营管理

地铁车辆基地上盖开发周期相对较长，当开发面积较大时通常进行分期开发，在项目筹备中所包含的前期项目设计、施工招投标以及商业服务引进等工作要同时进行，保障在项目建成后商户的及时入驻、居民的迁入以及上盖各个行业的顺利运行，提高开发项目的公众使用满意度，上盖开发项目早一天运营的同时也给开发商早一天带来效益，因此开发公司对项目进程的把控也是极为重要的。对于上盖物业的综合运营管控，可建立智能管控平台，从物业集团管理层内部提出并协同各个层级的员工以及其他相关公司建立综合管控平台，从而建立数字化、智能化服务系统，提升服务上盖居民的效率和质量，增加用户满意度（图6-7）。

2. 上盖设施维护

地铁车辆基地上盖开发由于基面较多且功能复杂的特殊性，在使用后期的建筑、设备、设施等维护中，应明确规范各个基面以及设备的归属范围与监管公司，保障后期维护的及时性、效率以及质量，避免出现权属界定不明确，各个负责公司相互推卸责任的现象。

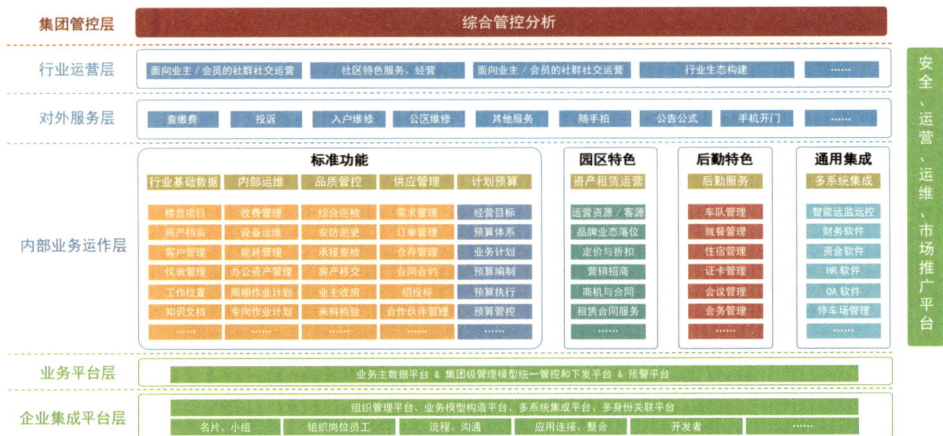

图 6-7　物业综合管控平台
来源：北京市基础设施投资有限公司

总结与展望

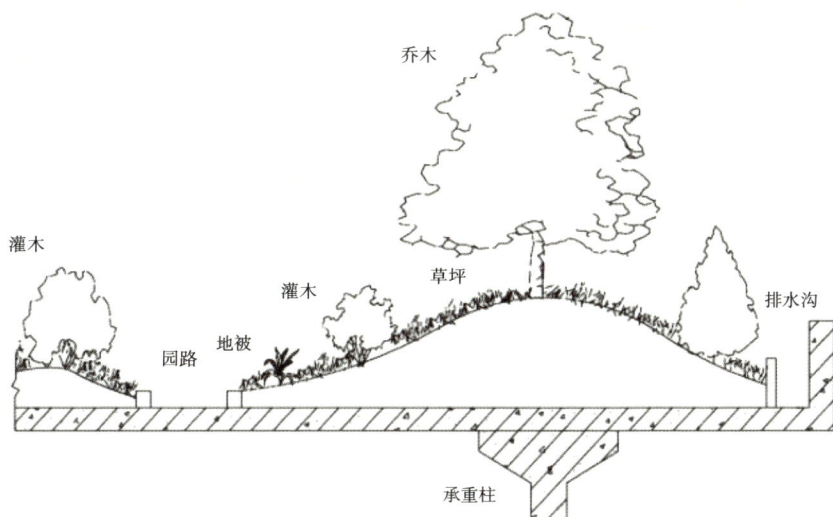

在我国大力推进轨道交通沿线土地开发的背景下，地铁车辆基地一体化开发在提高土地利用率和空间活力方面具有显著的效果。地铁车辆基地上盖开发经过 20 多年的潜心研究，上盖开发模式也经历了 3 个段代历程的更迭，就对目前已经建成和在建项目案例的整理，总结出现阶段上盖开发设计中所存在的三个痛点问题：城市割裂、孤岛效应、建管脱节，从而提出地铁车辆基地上盖开发 4.0 时代智慧上盖开发设计策略。智慧上盖开发策略从立体上盖、生态上盖、安全上盖、数字上盖四个方向分别阐述不同的设计策略并解决相关问题，建立完整的设计策略结构框架和内容。通过对以上的研究，得出以下总结与展望：

创新设计总结：

（1）建立智慧上盖理论与设计框架体系，将智慧城市理论应用到车辆基地上盖开发设计当中。

在我国推进发展智慧城市、智慧城市轨道、智慧生活圈的大背景下，地铁车辆基地上盖物业的开发应遵循国家政策的发展方向，以建设提高土地利用率的车辆基地上盖开发设计为前提，将功能复合、生态可持续、安全防灾、数字运维理念与车辆基地上盖融合，打造与城市功能高度协同的智慧生活圈。

（2）提出立体上盖设计策略，消解城市割裂，建立上盖建筑特性多维基面一体化协同。

地铁车辆基地上盖的开发同其他开发项目不同，其涉及多个层次、多个基面、多个空间、多条流线的复杂化设计。立体上盖从空间层面考虑，将功能、流线、形态多方面联合设计，明确其设计手法和目标，建立能够融入城市空间的上盖物业开发，使其空间设计上的难点转化为智慧上盖设计的亮点。

（3）提出生态上盖设计策略，减小孤岛效应，促进上盖景观绿化设施生态可持续发展。

城市的景观品质和生活环境能够给城市带来人口、活力和经济。生态上盖主要从上盖空间绿色景观的建立、绿色技术的应用、品质空间的结合、海绵城市理念的引入构建一个具有生活气息、高端品质以及自然舒适的上盖环境，用此手法将车辆基地从单一的空间转变成一个高品质的活力空间。

（4）提出安全上盖设计策略，降低灾害隐患，通过关键技术策略提升综合性防御能力。

地铁车辆基地一体化开发应将其综合防灾能力提升作为后续开发设计的重点，通过模拟实验预防和降低各灾种的隐患，利用关键技术策略从结构优化、消防疏散、减振降噪等环节提升车辆基地综合体系统的灾害防御能力。

（5）提出数字上盖设计策略，改善建管脱节，利用多接口融合城市数据提升用户体验。

数字上盖设计策略综合开发管理、设计统筹、数据模拟、建设技术等多专业、多方向为一体的综合性策略。使上盖物业开发从开发前期的准备、设计与施工的过程到投入使用所涉及的各个环节和相关人员，都能够相互协调、相互配合，保障信息分享的及时性，最终建立能够给上盖居民提供便利、舒适的生活环境。

研究视角展望：

（1）开展多种主导开发类型的上盖设计研究

本书研究对象多为居住主导型车辆基地上盖开发，还有商业主导型、景观主导型、交通主导型等多种主导类型的开发设计研究没有进行深入、针对性的探讨，其设计体系框架与居住主导型较为相似，但具体设计策略具有自身特点。

（2）探索上盖开发设计适用性评价体系研究

本书中对于开发的可行性进行了适用性和必要性分析，但并没有进行更深入展开评价体系的研究。开发设计适用性评价体系的研究，从而为合理选择并应用车辆基地盖上物业的建筑模式语言提供更有说服力的设计依据。科学地把握车辆基地盖上物业的发展规律，最有效的解决方法就是建立一套可行的适用性评价体系，可从经济效益、社会效益、技术应用三个层面，提供车辆基地综合体建筑类型的量化评价指标。

（3）引起对上盖更深入的交叉学科协同研究

本书的研究基本上是针对车辆基地上盖这一研究客体展开的以建筑学科为主线的共性研究，然而上盖开发设计体系是涉及多个学科的交叉，在我国新基建大背景下，应该利用各学科交叉的优势，协同 BIM 技术、双碳策略、城市大数据融合技术、智慧交通技术、虚拟现实技术、数字孪生技术等对上盖开发设计要素进行有针对性的开创性研究。

本书对于车辆基地上盖一体化开发与创新设计的研究是在动态的变革中前行的，研究更多聚焦在第四代居住主导型上盖开发车辆基地的发展历程，并结合智慧城市理念提出智慧上盖的设计体系框架，创新策略尚为浅显，希望能够引起学者们更深入的探讨。本书仅以微薄之力希冀对我国轨道交通沿线土地综合利用，尤其是如火如荼兴建的地铁车辆基地上盖开发起到有益的借鉴和推动作用。

李翔宇

2021 年 9 月于北京

参考文献

[1] 中国城市轨道交通协会.城市轨道交通 2019 年度统计和分析报告.[EB/OL].(2020-05-18). https://www.camet.org.cn/tjxx/5133.

[2] 中华人民共和国中央人民政府.国务院办公厅关于支持铁路建设实施土地综合开发的意见[EB/OL].(2014-08-11).http://www.gov.cn/zhengce/content/2014-08/11/content_8971.htm.

[3] 中华人民共和国中央人民政府.住房城乡建设部发布城市轨道沿线地区规划设计导则[EB/OL].(2015-12-10).http://www.gov.cn/xinwen/2015-12/10/content_5022238.htm.

[4] 中华人民共和国中央人民政府.关于推进高铁站周边区域合理开发建设的指导意见[EB/OL].(2018-04).http://www.gov.cn/zhengce/zhengceku/2018-12/31/content_5433958.htm.

[5] 中华人民共和国中央人民政府.国家发展改革委关于培育发展现代化都市圈的指导意见[EB/OL].(2019-02-19).http://www.gov.cn/zhengce/zhengceku/2019-09/29/content_5434981.htm.

[6] 中共中央,国务院.《国家新型城镇化规划（2014~2020 年）》[EB/OL].(2014-03-16).http://www.gov.cn/zhengce/2014-03/16/content_2640075.htm.

[7] 桑平起.都市圈发展加速武陟等微中心城市建设将迎发展爆发期[J].人大建设,2019(6):60-61.

[8] 赵弘,张静华.以"微中心"建设推动京津冀协同发展[J].区域经济评论,2017(3):51-57+2.

[9] Origin&Development of Smart Cities[J].China Standardization,2014(3):44-45.

[10] 李立望,黄德海.智慧城市的中国化历程和发展方向[J].新经济导刊,2019(3):46-52.

[11] 中国城市轨道交通协会.城轨交通智慧先行｜《中国城市轨道交通智慧城轨发展纲要》正式发布实施[EB/OL].(2020-03-12).https://www.camet.org.cn/xhfb/4683.

[12] 中国高新网.深圳地铁 6 号线,绿色智慧先行示范线[EB/OL].(2020-08-18).http://www.chinahightech.com/html/chany/xjzz/2020/0818/556.2519.html.

[13] 新华网.地铁 5G 覆盖里程全球最长南京成为"5G 地铁"第一城[EB/OL].(2020-10-30).http://www.js.xinhuanet.com/2020-10/30/c_1126676562.htm.

[14] 中华网新闻.北京将推智慧地铁,安检、检票有望"一次过"[EB/OL].(2020-11-12).https://news.china.com/socialgd/10000169/20201112/38956072.html.

[15] 卡尔索普.未来美国大都市:生态·社区·美国梦[M].郭亮,译.北京:中国建筑工业出

版社，2009:77-79.

[16] 周素红，杨利军．城市开发强度影响下的城市交通 [J]．城市规划学刊，2005(2): 75-80+49.

[17] 奥图，洛干．美国都市建筑——城市设计的触媒 [M]．王劭方（译者）．台北：台北创兴出版社，1994:4-6.

[18] 廖代伟．催化科学导论 [M]．北京：化学工业出版社，2006.

[19] 巴奈特．都市设计概论 [M]．谢庆达、庄建德，译．台北：尚林出版社，1987.

[20] 韩冬青．谈建筑策划中的城市意识 [J]．规划师，2001,17(5): 16-18.

[21] 北京城建设计研究总院有限责任公司、中国地铁工程咨询有限责任公司．地铁设计规范：GB 50157—2013 [S]．北京：中国建筑工业出版社，2014.

[22] 中华人民共和国建设部．城市轨道交通工程项目建设标准（建标104—2008）[S]．北京：中国计划出版社，2008.

[23] 苏效杰．居住主导型地铁车辆基地上盖开发设计研究 [D]．北京：北京工业大学，2016.

[24] 梁致远．地铁车辆段上盖开发功能研究 [D]．北京：北京交通大学，2018.

[25] BAILEY K, GROSSARDT T ,PRIDE-WELLS M. Community design of a light rail transit-oriented development using case wise visual evaluation (CAVE) [J]. Socio-Economic Planning Sciences, 2007, 41 (3): 235-254.

[26] DUNCAN M. The impact of transit-oriented development on housing prices in San Diego, CA[J] .Urban Studies, 2011, 48 (1):101-127.

[27] TAN W G Z, JANSSEN-JANSSEN L B,BERTOLINI L. The role of incentives in implementing successful transit-oriented development strategies [J] .Urban Policy and Research, 2014, 32 (1):33-51.

[28] RENNE J L. From transit-adjacent to transit-oriented development [J] .Local Environment, 2009, 14 (1):1-15.

[29] ATKINSON-PALOMBO C,KUBY M J. The geography of advance transit-oriented development in metropolitan Phoenix, Arizona, 2000—2007 [J].Journal of Transport Geography, 2011,19 (2):189-199.

[30] POJANI D，STEAD D. Transit-oriented Design in the Netherlands [J].Journal of Planning Education and Research, 2015, 35 (2):131-144.

[31] JACOBSON J, FORSYTH A. Seven American TODs: Good Practices for Urban Design in Transit-Oriented Development Projects[J].Journal of Transport and Land Use, 2008, 1 (2):51-88.

[32] CERVERO R. Managing the traffic impacts of suburban office growth [J]. Transportation Quarterly, 1984,38(4): 533-550.

[33] CERVERO R. Urban transit in Canada: integration and innovation at its best [J]. Transportation Quarterly, 1986,40(3): 293-316.

[34] CERVERO R. Transit-based housing in California: evidence on ridership impact [J]. Transport Policy, 1994,1 (3) :174-183.

[35] CERVERO R. Rail-oriented office development in California: how successful? [J]. Transportation Quarterly, 1994,48(1): 33-44.

[36] CERVERO R. Mixed land-uses and commuting: evidence from the American Housing Survey [J]. Transportation Research Part A: Policy and Practice, 1996,30(5): 361-377.

[37] BHATTACHARJEE S,GOETZ A R. Goetz. The rail transit system and land use change in the Denver metro region[J].Journal of Transport Geography, 2016(54):440-450.

[38] RODRIGUEZ J A. Moving Forward on Track: An Investigation of the Relationships Between Land Use and Transportation in San Antonio, Identifying the Options and Obstacles for Local Rail Transit Applications[D].Texas:The University of Texas at San Antonio , 2008.

[39] COMPIN N S. The Four Dimensions of Rail Transit Performance: How Administration, Finance, Demographics, and Politics Affect Outcomes[D].California:University of California, Irvine,1999.

[40] RATNER K A. The Relationship of United States Rail Transit Development and Success with Urban Population, Employment and Congestion Characteristics[D].Denver:University of Denver ,2001.

[41] CALTHORPE P. The Next American Metropolis: Ecology, Community, and the American Dream[M]. New York: Princeton Architectural Press,1993:56-68.

[42] 张琦 . 新加坡地铁站体的综合开发 [J]. 城市轨道交通研究，2008，11(2):65-67.

[43] CERVERO R. TOD 与可持续发展 [J]. 城市交通，2011(1):24-28.

[44] 卫芃秀 . 地铁车辆段上盖物业功能组合及其空间布局研究 [D]. 深圳：深圳大学，2017.

[45] 李焱 . 垡头蝶变北京科技 CBD[J]. 投资北京，2014(1): 76-78.

[46] 卢源，纪诚，金山 . 轨道交通综合体的模式演进与设计创新——以北京地铁车辆段综合开发实践为例 [J]. 建筑学报，2015(4): 92-97.

[47] 纪诚，卢源 . 北京轨道交通车辆段综合利用模式的演进与创新 [J]. 都市快轨交通，2014,27(6):25-30.

[48] 赵琰 . 地铁车辆段上盖综合性开发初探 [J]. 城市建设理论研究（电子版），2013(23).

[49] 肖中岭 . 地铁车辆段及综合基地物业开发模式探析 [J]. 都市快轨交通，2010,23 6): 48-53 .

[50] POJANI D,STEAD D. Transit-oriented design in the netherlands [J].Journal of Planning

Education and Research, 2015, 35 (2):131-144.

[51] 应名洪 . 推动地铁物业创新——促进地铁事业发展 [J]. 城市轨道交通，2015(2):58-63.

[52] 宗传苓，覃矞，林群 . 深圳市轨道交通规划设计管理实践 [J]. 城市交通，2011，9(3): 24-29.

[53] 盛来芳 . 基于时空视角的轨道交通与城市空间耦合发展研究 [D]. 北京：北京交通大学，2012.

[54] 史时喜 . 地铁车辆基地上盖物业开发设计探讨 [J]. 铁道标准设计，2015，59(3)：147-150.

[55] LUQUE-AYALA A, MARVIN S. Urban Operating Systems: Producing the Computational City[M]. Cambridge: MIT Press, 2020.

[56] 邱威超 . 广州地铁 6 号线车辆段上盖物业开发研究 [D]. 广州：华南理工大学，2014.

[57] 何坚 . 广州轨道交通厦滘车辆段上盖建筑设计理念及实践 [J]. 都市快轨交通，2010，23(3)：37-40.

[58] 齐莹菲 . 轨道交通车辆段上盖开发内外交通衔接模式 [J]. 都市快轨交通，2015，28(1)：41-46.

[59] 何树楷，孙东娜 . 基于 TOD 车辆段类型项目的交通组织策略研究——以陈头岗车辆段项目为例 [J]. 中外建筑，2020(10)：130-132.

[60] 蒋虹 . 以交通为导向的新型建筑模式研究 [D]. 济南：山东大学，2011.

[61] 林墨飞，高艺航 . 健康视角下住区慢行系统景观设计 [J]. 室内设计与装修，2020(9)：14-15.

[62] GEDEON T,KOKUBU H,MISCHAIKOW K,et al. The Conley index for fast–slow systems II : Multidimensional slow variable[J].Journal of Differential Equations,2006,225(1):242-307.

[63] 孙美娇 . 地铁车辆段上盖居住物业交通组织设计研究 [D]. 哈尔滨：东北林业大学，2015.

[64] RETSIN G. In part whole: the aesthetics of the discrete[J]. Architectural Design, 2019,89(5):10-127.

[65] EI GHORAB H K,SHALABY H A.Eco and Green cities as new approaches for planning and developing cities in Egypt[J]. Alexandria Engineering Journal,2016,55(1):495-503.

[66] 张淼 . 从封闭走向开放的住区城住融合模式与对策研究 [D]. 哈尔滨：东北林业大学，2018.

[67] 周阳 . 景观生态学指导下植物层次化分布格局设计 [J]. 西南师范大学学报 (自然科学版)，2021，46(1)：90-98.

[68] 徐航，伍嘉晖，李璐 . 浅谈城市植物多样性及园林植物规划构想 [J]. 南方农机，2019，50(9)：94.

[69] CHENG V.Understanding density and high density[M]//Designing High-Density Cities. NewYork:Routledge,2009:37-51.

[70] Li Ruonan, Zhang Cheng.Selection and application of garden plants in the construction of

sponge city in northwest china[J]. Journal of Coastal Research,2020,103(SI):1139-1143.

[71]　王良松. 基于海绵城市建设的排水路面优化设计 [J]. 华东公路，2020,(2).

[72]　张鹏程. 城市道路海绵城市设计 [J]. 科学技术创新，2020(23):120-121.

[73]　叶娇娇. 论建筑设计中的绿色建筑技术 [J]. 建材与装饰，2019(35):86-87.

[74]　徐跃家，韩默. 居住建筑设计中风环境利用及其意义 [J]. 山西建筑，2008(32):65-67.

[75]　朱云霞. 被动式太阳能建筑设计实践 [J]. 居舍，2021(4): 99-100+102.

[76]　连剑. 商业建筑的下沉式开放空间研究 [D]. 广州: 华南理工大学，2015.

[77]　刘桂江，王栋. 苏州太平车辆段上盖开发消防设计 [J]. 铁道工程学报，2012，29(11): 67-72.

[78]　朱小刚. 地铁车辆段上盖物业转换层结构优化设计 [J]. 铁道建筑技术，2015(9):116-118.

[79]　王玉芬，孙美骄. 地铁车辆段上盖物业开发的综合分析 [J]. 山西建筑，2014，40(25):5-6.

[80]　陈新. 地铁车辆段上盖物业开发的综合分析 [J]. 城市建设理论研究（电子版），2015(11): 1703-1704.

[81]　GRANT D N,DIAFERIA R.Assessing adequacy of spectrum-matched ground motions for response history analysis[J].Earthquake Engineering Structural Dynamics,2013,42(9):1265-1280.

[82]　范重，崔俊伟，薛浩淳，等. 地铁上盖结构隔振效果研究 [C]// 第 29 届全国结构工程学术会议论文集（第 I 册），《工程力学》杂志社会议论文集，2020，103-120.

[83]　王静. 地铁上盖住宅项目的隔振减振措施 [J]. 房地产世界，2021(4): 1-5.

[84]　陈斌，谢伟平，姚春桥. 地铁车辆段上盖物业开发的关键工程问题 [J]. 土木工程与管理学报，2014，31(1): 57-63.

[85]　高晓刚，王安斌，鞠龙华，等. 不同减振扣件的轨道结构横向振动测试与分析 [J]. 噪声与振动控制，2020，40(1): 191-197.

[86]　中华人民共和国环保局. 声环境质量标准:GB 3096—2008[S]. 北京: 中国环境科学出版社，2008.

[87]　武飞. 基于 BIM 的地铁车站建筑一体化协同设计研究 [D]. 广州市: 广东工业大学，2019.

[88]　SHEHZAD H M F,IBRAHIM R B,YUSOF A F,et al. The role of interoperability dimensions in building information modelling[J]. Computers in Industry,2021,129.

[89]　周庆国，刘洋，范增财. 地铁域地下空间上盖建筑综合体开发模式探究 [J]. 铁道建筑技术，2019(2):54-58.

[90]　王晓. 基于物联网的智慧地铁信息系统设计 [J]. 铁道建筑技术，2020(11): 83-88.

[91]　DEAL B, PAN H, TIMM S, et al. The role of multidirectional temporal analysis in scenario

planning exercises and planning support systems[J]. Computers,Environment and Urban Systems, 2017(64): 91-102.

[92]　FANG Z, QI J, YANG T, et al. "Reading" cities with computer vision: a new multi-spatial scale urban fabric dataset and a novel convolutional neural network solution for urban fabric classification tasks[C]//Proceeding of the 28th International Conference on Advances in Geographic Information Systems. 2020:507-517.

[93]　许慕鸿, 刘小红. 视频监控行业智能化进程分析 [J]. 信息通信技术与政策, 2018(11): 61-67.

[94]　夏海山, 张丹阳. 规划思维转型与轨道交通站城一体化发展 [J]. 华中建筑, 2019, 137(6): 59-62.

[95]　DAUTILIA R,HETMAN J. Complex buildings and cellular automata—a cellular automaton model for the centquatre-paris[J]. Urban Science,2018,2(2):50.

[96]　辛兰. 深圳市地铁上盖物业一体化开发模式研究 [D]. 哈尔滨: 哈尔滨工业大学, 2012.